Pierre Teilhard de Chardin:

Das Tor in die Zukunft

Ausgewählte Texte zu Fragen der Zeit

Herausgegeben und erläutert von
Günther Schiwy

W0308713

Deutscher
Taschenbuch
Verlag

dtv

Von Pierre Teilhard de Chardin
sind im Deutschen Taschenbuch Verlag erschienen:
Der Mensch im Kosmos (1732)
Die Entstehung des Menschen (1755)

Über Pierre Teilhard de Chardin:
Günther Schiwy: Pierre Teilhard de Chardin (10452)

Ungekürzte Ausgabe
Mai 1987
Deutscher Taschenbuch Verlag GmbH & Co. KG,
München
© 1984 Kösel-Verlag GmbH & Co., München
ISBN 3-466-20250-7
Umschlaggestaltung: Celestino Piatti
Umschlagabbildung: Helfried Hofmann, Hildesheim
Gesamtherstellung: Kösel, Kempten
Printed in Germany · ISBN 3-423-10752-9

Das Buch

In unserer Zeit, in der Zukunftsangst und Hoffnungslosigkeit immer stärker das Lebensgefühl der Menschen bestimmen, sind die Zukunftsentwürfe des 1955 gestorbenen Theologen und Naturwissenschaftlers Pierre Teilhard de Chardin von wachsender Bedeutung. Er, der Verfechter der Evolutionstheorie, glaubte, daß die Menschheit trotz aller Gefährdungen noch nicht an die Grenzen ihrer Entwicklung gekommen sei, sondern weiter voranschreiten könne und müsse, in dem Bewußtsein ihrer Verantwortung für die Zukunft der Welt. Günther Schiwy hat aus Teilhards Werk diejenigen Texte ausgewählt, in denen dieser zu den brennenden Problemen der Zeit Stellung nimmt, er hat die einzelnen Abschnitte kommentiert und im Anhang die wichtigsten Grundbegriffe Teilhards erläutert, so daß diese Auswahl auch ein Schlüssel zu Teilhards nicht immer leicht zugänglichem Werk ist.

Der Autor

Pierre Teilhard de Chardin, geboren 1881 in Clermont-Ferrand, trat 1899 in den Jesuitenorden ein und übernahm 1922 eine Professur für Geologie am Institut Catholique in Paris. Wegen der in seinen naturwissenschaftlichen Schriften vertretenen Evolutionstheorie wurde er von der Kirche in ein zwanzigjähriges »Exil« nach China geschickt, wo er sich einen internationalen Ruf als Paläontologe und Anthropologe erwarb. Auch während seiner letzten Lebensjahre in den USA – er starb 1955 in New York – kämpfte Teilhard vergeblich um die kirchliche Druckgenehmigung für seine Hauptwerke ›Der Mensch im Kosmos‹ (1955; dt. 1959) und ›Die Entstehung des Menschen‹ (1956; dt. 1961), die nach seinem Tode erscheinen durften und ihn weltweit berühmt machten.

Inhalt

Hinweise

Grundbegriffe Teilhards, die aus dem Textzusammenhang nicht ohne weiteres verständlich sind, wurden – je einmal in einem Text – mit einem Stern (*) versehen und am Ende des Buches erläutert.

Die wenigen Anmerkungen in den Texten wurden weggelassen.

Alle Überschriften stammen vom Herausgeber, auch wo sie Formulierungen Teilhards übernehmen.

Eckige Klammern [...] bezeichnen Auslassungen im fortlaufenden Text oder Ergänzungen des Herausgebers.

Einleitung des Herausgebers

Kenner Pierre Teilhard de Chardins sind sich darüber einig, daß der 1955 in New York verstorbene französische Jesuit zu den »Propheten« des 20. Jahrhunderts zählt. Als Theologe und hervorragender Naturwissenschaftler – Geologe, Paläontologe und Anthropologe – hat er sich intensiv mit den Krisen der Menschheit, wie sie seit dem Ersten Weltkrieg offenkundig geworden sind, auseinandergesetzt. Während langjähriger Aufenthalte in Asien und Amerika vor und nach dem Zweiten Weltkrieg hat er in zahlreichen Texten die Situation der Menschheit beschrieben und ihre Zukunftsaussichten erörtert. Heute, fast dreißig Jahre nach Teilhards Tod und seit der Veröffentlichung seiner Schriften in dreizehn Bänden (1955 bis 1976), ist der »prophetische« Weitblick Teilhard de Chardins durch den weiteren Gang der Geschichte bestätigt worden. Einiges läßt darauf schließen, daß dieser scharfsichtige Beobachter und konsequente Denker auch für die weitere Zukunft in entscheidenden Fragen richtig gesehen hat.

Um so mehr erstaunt es, daß nach einer ersten weltweiten und spektakulären Diskussion des Teilhardschen Werkes das Interesse in den sechziger Jahren abflaute, um erst im Zusammenhang seines hundertjährigen Geburtstags 1981 wieder zuzunehmen. Einer der Gründe für das Desinteresse war zweifellos der naive Fortschrittsoptimismus, den man Teilhard fälschlicherweise nachsagte und der seit Ende der sechziger Jahre mit Recht, wie wir heute wissen, suspekt geworden ist.

Ein weiterer Grund war die in zwei Extremen entartete Beschäftigung mit dem Werk Teilhards. Auf der einen Seite taten sich die »Schriftgelehrten«, die Fachphilosophen und -theologen, mit den mehr oder weniger positivistischen, nur an meßbaren Fakten interessierten, Naturwissenschaftlern zusammen und analysierten die Teilhardschen Texte zu Tode. Man begriff nicht, daß »prophetische« Texte notwendig in einer originellen Sprache jenseits der Fachsprachen abgefaßt sind. Auf der anderen Seite entstand eine Teilhard-»Gemeinde«, die sich enthusiastisch und unkritisch an seinen Texten erbaute wie an »heiligen Schriften«. Beide Arten, sich den Teilhardschen Erkenntnissen und Einsichten zu nähern, sind zum Scheitern verurteilt.

Man wird, so scheint es, Teilhards Texten am ehesten gerecht, wenn man ihn liest wie einen originellen Schriftsteller: darauf gefaßt, daß er etwas Neues zu sagen hat, wozu er sich einer eigenen Sprache bedient, »gebastelt« aus der Alltagssprache, den Wissenschaftssprachen, den poetischen und den religiösen Sprachen je nach Spannweite der angezielten Synthese. Man darf bei Teilhard nicht jedes Wort auf die Goldwaage legen, man darf aber auch nicht alles nur dichterische Phantasie und religiöses Gefühl sein lassen. Es bedarf der Anstrengung des Begriffs ebenso wie der intuitiven Einfühlung.

Unsere Auswahl orientiert sich an den Fragen unserer Zeit und stellt solche Texte aus der Werkausgabe – die Tagebücher und die Briefe bleiben unberücksichtigt – zusammen, die Teilhards Stellungnahme deutlich erkennen lassen. Diese Textzusammenstellung ist, auch wenn sie nur einen Bruchteil der Schriften Teilhards repräsentiert und auch noch thematisch verengt erscheint, dennoch repräsentativ. Gab es doch seit den Erschütterungen, die die Fronterfahrungen des Ersten Weltkrieges in Teilhard ausgelöst hatten, kein anderes Lebensprogramm mehr für ihn, als zu den Christen zu gehören, die »mehr als jeder andere Mensch das Gewicht der Sehnsucht und der Mühsal ihrer Zeit tragen werden! ... Der Herr hat mehr als je einer das Leben der Menschen gelebt. Wir müssen sein wie er. Ohne diese glühende Liebe (zum Menschen) werden wir wie Eisschollen auf dem Strom unserer Zeit dahintreiben« (an seine Cousine Marguerite am 23. Februar 1917).

Deshalb galt Teilhards späteres, der Vergangenheit zugewandtes Studium der Geologie und Paläontologie einzig dem Zweck, Auskünfte über die Gegenwart und Zukunft der Menschheit zu erhalten. Seine Texte zu Fragen der Zeit sind Teilhard die wichtigsten gewesen.

Daß sie heute noch aktuell sind, manche noch heute der Zeit voraus, teilen sie mit anderen »prophetischen« Texten der Menschheit und mit dem Schicksal ihrer Urheber, den »Vorläufern der Wahrheit«, wie Teilhard sie charakterisiert hat: »Es sind die Menschen, die die ersten Regungen eines Bedürfnisses oder die ersten Strahlen eines Lichtes verspüren. – Jene, die stärker oder jünger sind als ihr Jahrhundert – jene, die zu ›früh geboren‹ sind. – Ihre Lage ist voller Gefahren, Traurigkeit und Schönheit. – Wenn sie nicht glauben, werden sie nicht begriffen und stoßen sie sich an den Orthodoxien der Welt. – Wenn sie gläubig sind, ist ihr Leiden schlimmer... – Und doch ist ihre Rolle fruchtbar und notwendig. Durch ihre Fragen, ihre neuen Notwendigkeiten verbreiten sie eine heilsame Unruhe. Doch die Ersten werden zermalmt wie die erste Welle ... Die große Versuchung ist die Revolte. Die große Freude ist, in der Einsamkeit voranzudringen. Es macht das große Paradoxon aus, daß die Rebellion manchmal providentiell und notwendig erscheint...« (Tagebuch, 15. August 1917).

Nicht zuletzt wegen dieser Stellungnahmen zu den Fragen der Zeit erlitt Teilhard selbst das Schicksal der »Propheten«. 1924 erhielt er ein kirchliches Veröffentlichungsverbot für derartige Texte, das mit einigen Ausnahmen bis zu seinem Tode aufrechterhalten wurde. Von 1926 bis 1946 war er im Exil in China und von 1951 bis zu seinem Tode in Amerika. Man hielt ihn wegen der Brisanz seiner Auffassungen möglichst von Europa, speziell von Paris, fern.

Die hier ausgewählten Texte sind auch noch aus einem anderen Grunde eine Einführung in das Werk Teilhards. Zeigen sie doch, wie sehr Teilhard – darin den »Prophe-

ten« aller Zeiten ähnlich – einige wenige Grundüberzeugungen immer wieder variiert:

- die Welt ist in unaufhaltsamer Bewegung begriffen;
- die Menschheit trägt mehr und mehr die Verantwortung für die weitere Entwicklung der Welt;
- die Liebe ist die zentrale Energiequelle, in deren Kraft und Orientierung die Menschheit ihre Zukunft bauen muß, wenn sie überleben will, »das einzige Tor nach vorn« (Text 10 unserer Auswahl).

Auf dem Hintergrund dieser Überzeugungen deutet Teilhard das problematisch gewordene Verhältnis des Einzelnen zur Gesellschaft (Kapitel I unserer Auswahl), beschreibt er die Liebe als kosmische Energie (Kapitel II), setzt er sich mit der Existenz des Übels, der Bosheit und des Todes auseinander (Kapitel III), entwirft er ein neues Gottesbild und eine Religion der Evolution (Kapitel IV), fordert er die Weiterentwicklung der Individual- und Sozialmoral (Kapitel V), diskutiert er den Wissenschafts- und Fortschrittsglauben (Kapitel VI), beurteilt er die politischen Systeme im Hinblick auf die Hoffnungen der Menschen (Kapitel VII), sieht er in der Ächtung des Krieges die einzige Überlebenschance einer atomar bewaffneten Menschheit (Kapitel VIII), warnt er vor der heute offenkundig gewordenen Weltwirtschafts- und Ökologiekrise (Kapitel IX), skizziert er in Verlängerung der Entwicklungsgesetze des Kosmos das mögliche Ende dieser Welt und hält er die Existenz von außerirdischen geistigen Wesen für möglich (Kapitel X).

Trotz seines »prophetischen« Selbst- und Sendungsbewußtseins wollte Teilhard mit seinen Texten zu Fragen der Zeit keine unfehlbaren Dokumente vorlegen. Er wollte nur seine Sicht der Dinge zur Diskussion stellen, als Orientierungshilfe und als Zeugnis seines Glaubens an die Gefahren und Chancen der Menschheit. Ob diese Texte heute noch hilfreich sind, kann jeder Leser selbst erproben, wenn er sich mit ihnen einläßt. Vielleicht wird er zu der Überzeugung gelangen, daß Teilhard nicht übertrie-

ben hat, als er Fronleichnam 1919 in sein Tagebuch schrieb: »Während des Krieges bin ich in einem Milieu hellsichtig geworden, in dem die Welt für mich eine Transparenz gewonnen hat, die sie vielleicht niemals mehr wiederfinden wird. Die Rückkehr zum Alltagsleben, zu den Menschen (sogar den sehr heiligen), die nicht gesehen haben (und deren Kritik und deren Unverständnis auf die Dauer dahin tendiert, mich zu den ›konventionellen‹ Ansichten zurückzuführen), könnten meine Schau verblassen lassen. Ich werde ihnen ohne Zögern Widerstand leisten. Ich will unerschütterlich mein Licht bewahren.«

Steinebach am Wörthsee — Günther Schiwy

I Aussteigen, oder »Leidenschaft für das Ganze«? Der Einzelne und die Gesellschaft

Die zu diesem zentralen, heute wieder besonders aktuellen Thema zusammengestellten Texte Teilhards stammen aus den Jahren 1926 bis 1947. 1926 ist Teilhard auf der Fahrt ins zwanzigjährige Exil nach China, 1947 auf dem Höhepunkt seines Einflusses in Paris, wo ihn die UNESCO um einen Beitrag zu diesem Thema bittet.

Vor 1926 liegen die Erfahrungen des Ersten Weltkrieges, in dem Teilhard die Bedeutung der vereinigten Menschheit für die Bewältigung der Zukunft erkennt. Dann folgen die Nachkriegsjahre in Paris, in denen er einerseits von dem um sich greifenden Individualismus und Chauvinismus enttäuscht ist, andererseits als eigenständiger Denker unter den Repressionen der ihm nächsten »Gesellschaft«, des Jesuitenordens und der Kirche, leidet. In China erlebt er dann das Ringen zwischen den Nationalisten Chiang Kai-sheks und den Kommunisten Mao Tsetungs, die beide auf ihre Weise den anarchistischen Militärregimen, die das Land unter sich aufgeteilt haben, Einhalt gebieten wollen. Von China aus und bei seinen gelegentlichen Aufenthalten in Amerika und Europa beobachtet er dann das weltweite Ringen zwischen dem kapitalistischen, demokratischen Individualismus und dem faschistischen oder kommunistischen Kollektivismus (vgl. Kapitel VII). Nach dem Zweiten Weltkrieg setzt Teilhard wie schon nach dem Ersten Weltkrieg große Hoffnungen auf die Anstrengungen der Vereinten Nationen, das Verhältnis zwischen dem einzelnen und der Gesellschaft durch die Proklamierung der Menschenrechte und das zwischen den Einzelstaaten und den Staatengemeinschaften durch neue völkerrechtliche Bestimmungen zu verbessern (vgl. Kapitel V).

Dieser biographische Hintergrund zeigt: Teilhard hat

das Thema »Der Einzelne und die Gesellschaft« nicht am grünen Tisch ausgedacht, sondern es wurde ihm aus seiner eigenen Lebenserfahrung aufgezwungen. Das gilt übrigens für alle Themen dieser Textsammlung.

Ebenso gilt für alle Texte: Teilhard sucht die Antwort auf die drängenden Fragen nicht bei irgendwelchen Autoritäten, sondern auf eigene Faust, das heißt mit Hilfe seiner Erkenntnisse aus Philosophie, Theologie und den Naturwissenschaften, vor allem jedoch durch Reflexion auf seine eigenen Erfahrungen.

Gerade weil er die Versuchung »auszusteigen« kennt, sieht er ein, daß es kein Ausweg ist, sondern ein Rückfall auf eine niedrigere Entwicklungsstufe (Text 1). Die Evolution, die sich im Menschen fortsetzt, drängt unübersehbar auf die wachsende Vereinigung der Menschheit. Das ist das eine (Text 2). Das andere ist jedoch: Eine der Evolution entsprechende, nicht abwegige Vereinigung darf nicht auf Kosten der Entfaltung des einzelnen gehen. »Sozialisation« und »Personalisation« sind keine Gegensätze, sondern bedingen einander (Text 3). Das gilt auch für das Verhältnis von Einzelfreiheit zu kollektiver Freiheit (Text 4). Diese evolutiven Tendenzen müssen in der Menschheit durch Erziehung verstärkt werden und sind religiös interpretierbar (Text 5). Selbst gegenläufige Tendenzen wirken sich letztlich im Sinne der zunehmenden Einswerdung der Menschheit aus (Text 6).

1 Das Übermaß an Individualismus

Soweit man die psychologischen Tendenzen unserer Zeit überblicken kann, gewinnt man den Eindruck, daß wir (trotz oder wegen eines ungewöhnlichen Hingezogenseins zur menschlichen Einheit*) durch eine kritische Phase des Individualismus hindurchgehen. Gewiß ist niemals, zu keinem Augenblick der Geschichte, ein schärferes Empfinden für die Rechte jedes Elements in allen sozialen Gruppen allgemeiner verbreitet gewesen. Menschenrechte, Bürgerrechte, Rechte des Arbeiters, Rechte der Völker, zu handeln, zu denken, sich frei zu entwikkeln, werden im persönlichen und kollektiven Bewußtsein* übersteigert. Nichts ist uns widerlicher geworden als auch nur die Idee eines ungerechtfertigten äußeren Einbruchs in unser autonomes Urteils- und Handlungsvermögen. Es wäre vergeblich, dieses Erwachen zu bedauern und zu verurteilen, das gewiß einen Fortschritt* in der Konstitution der denkenden Einheiten inmitten des Universums* darstellt. Doch im Laufe alles Fortschreitens muß jeder Schritt, ob man ihn nach rechts oder nach links tut, durch den folgenden Schritt gerechtfertigt werden. In der heutigen Menschheit droht das Übermaß an Individualismus die Zerbröckelung, die Zerstreuung und folglich die Rückkehr zur Vielheit*, zur Materie*, nach sich zu ziehen. Jeder strebt dahin, sich nicht mehr um das Gemeinwohl zu kümmern. Die natürlichsten Gruppen zerfallen. Durch jahrhundertelanges Erproben und Bedenken langsam konzentrierte Gewißheiten verflüchtigen sich. Eine gewisse empörte Unabhängigkeit wird zum Ideal der sittlichen Haltung. Geistig* findet diese Zerstreuung des Bemühens und des Denkens im Agnostizismus ihren Ausdruck.

Was brauchen also die Menschen unseres Jahrhunderts, um das Übel, zu dem sie ein unzulänglich ausgewogener Begriff der individuellen Werte führen würde, zu kompensieren und in einem weiteren Fortschritt zu integrieren? Sie müssen um jeden Preis auf einem Niveau, das dem ihres Denkens im jetzigen Augenblick entspricht, den Sinn und die beherrschende Leidenschaft für das Ganze wiederfinden.

Wenn jeder Mensch kraft einer Weltvorstellung, die nur ein Minimum an Metaphysik verlangt und die sich übrigens durch ein Maximum an erfahrbaren Hinweisen aufzwingt, einräumen wird, daß sein wahres Sein nicht auf die engen Konturen seiner Glieder und seiner geschichtlichen Existenz begrenzt ist, sondern daß es in gewisser Weise einen Leib und eine Seele mit dem Prozeß bildet, der das Universum fortreißt – dann wird er begreifen, daß er, um sich selbst treu zu bleiben, sich wie zu einem persönlichen und heiligen Werk der mühevollen Arbeit weihen muß, die das Leben* von ihm verlangt. In ihm wird das Vertrauen in die Welt wieder erwachen, in eine Welt, deren Totalität* nicht zugrunde zu gehen vermag; – und auch der Glaube an ein höchstes Zentrum* der Personalisation*, der Sammlung und der Kohäsion*, in dem allein ein Heil des Universums vorstellbar ist.

Aus: Die Grundlagen und der Kern des Evolutionsgedankens. Golf von Bengalen, Christi Himmelfahrt 1926 (3, S. 205 f.).

2 Die Vereinigung bereichert

Die Menschheit soll in unserem kleinen privaten Dasein kulminieren, die Evolution* soll in jedem von uns ihre Maximalhöhe erreichen – und die gewaltige, mühselige Arbeit der irdischen Organisation, in die wir von Geburt her eingeschirrt sind, ist tragisch überflüssig. Wir sind betrogene Narren: halten wir an oder bremsen wir wenigstens den Lauf. Töten wir die Maschine, schließen wir die Laboratorien. Suchen wir einen Fluchtweg, jeder nach seinem Geschmack, im reinen Genießen oder im reinen Nirwana.

Oder aber umgekehrt, über der Menschheit soll sich noch ein Stockwerk, noch ein Raum für ihre Entwicklung öffnen; jeder von uns soll sagen können, er arbeite, damit das Universum* in ihm und durch ihn sich um eine Stufe erhebe – und im Herzen der Arbeiter der Erde steigt ein neuer Energieimpuls* empor. Der ganze große menschliche Organismus überwindet einen kurzen Augenblick des

Zögerns, dröhnt auf und zieht mit vollem Schwung wieder an.

Wirklich, die Idee, die Hoffnung einer Planetisation* des Lebens ist weit mehr als eine biologische Spekulation. Sie ist noch notwendiger für unsere Zeit als die mit soviel Aufwand angestrebte Entdeckung einer neuen Energiequelle, denn sie kann, sie muß uns das geistige* Feuer bringen, ohne das alle anderen (mit so viel Mühe entfachten) materiellen* Feuerstellen bald auf der Oberfläche der denkenden Erde verlöschen würden: die Freude am Tun und die Lust am Leben*.

Ausgezeichnet, werden Sie mir sagen. Doch bleibt nicht ein starker drohender Schatten auf dem Bild? Im Laufe der neuen Phase, die sich in der Evolution der Menschheit öffnet, sollen sich, so künden Sie uns an, eine Erweiterung und Vertiefung des irdischen Bewußtseins* vollziehen. Widersprechen hier aber nicht die Tatsachen der Theorie? Was geschieht nämlich vor unseren Augen? Kann man wirklich sagen, in den kollektiviertesten* Nationen des Globus um uns herum steige das menschliche Bewußtsein an? Oder verläuft nicht alles vielmehr so, als ob die soziale Totalisation* uns unmittelbar zu einem Rückschritt, zu einer Vermaterialisierung des Geistes führte?

Wir sind meines Erachtens noch nicht in der Lage, den jüngsten totalisierenden Experimenten gerecht den Prozeß zu machen, das heißt zu entscheiden, ob sie, alles in allem, den Menschen einen Zuwachs an Knechtschaft oder einen Zuwachs an Schwung gebracht haben. Es ist noch zu früh, um zu urteilen. Doch glaube ich sagen zu können, sofern diese ersten Versuche uns gefährlich einer inframenschlichen Ameisen- oder Termitenstaatsordnung zuneigten, ist nicht das Prinzip der Totalisation selbst schuld, sondern nur seine ungeschickte und unvollständige Anwendung.

Was braucht es denn, und zwar gerade kraft des Gesetzes der Komplexität*, damit die Menschheit durch die Kollektivisation geistig wachse? Wesentlich müssen die von der Bewegung ergriffenen menschlichen Einheiten sich einander nähern, und zwar nicht unter der Wirkung _äußerer_ Kräfte oder allein in Vollzug _materieller_ Gesten, sondern unmittelbar von Zentrum* zu Zentrum durch _innere_* Anziehung, weder durch Zwang noch durch Sklavendienst an einer gemeinsamen Aufgabe, sondern durch _Einmütigkeit_ in ein und demselben Geist. Durch atomare Affinitäten* werden die Moleküle aufgebaut. Gleicherweise dürfen auf einer höheren Ebene die menschlichen Elemente darauf hoffen, durch _Sympathie_* (und nur durch Sympathie) in einem personalisierten* Universum zu einer höheren Synthese* zu gelangen.

Innerhalb beschränkter Gruppen (in der Ehe, im Team) ist es eine alltägliche Erfahrung, daß die Vereinigung, weit davon entfernt, die Menschen herabzusetzen, sie in sich selbst akzentuiert, bereichert und befreit. Die Vereinigung, die wahre Vereinigung, die Geistes- und Herzensvereinigung, versklavt nicht und neutralisiert nicht die verbundenen Glieder. Sie _super_*_-personalisiert_* sie. Verallgemeinern Sie nunmehr das Phänomen auf den Maßstab der Erde. Stellen Sie sich vor, unter der Wirkung der planetaren Umklammerung, die sie zusammenzieht, erwachen die Menschen schließlich zum Sinn für eine universelle Solidarität, die auf ihrer tiefen Natur und ihrer tiefen Schicksalsgemeinschaft gegründet ist. Und alle Gespenster der Grausamkeit und Mechanisierung, die man in Bewegung setzt, um uns zu erschrecken, um uns zu hindern voranzugehen, verblassen. Weder Härte noch Haß: eine noch nicht vom Menschen erprobte neue Form der Liebe läßt die um uns aufsteigende Woge der Planetisation erahnen, und diese Form der Liebe bringt sie verborgen mit sich.

Aus: Leben und Planeten. Vortrag in der französischen Botschaft in Peking, 10. März 1945 (5, S. 158–160).

3 Eine neue Definition der Menschenrechte

Das Ziel einer neuen Definition der Menschenrechte kann nicht mehr wie ehedem sein, dem Element in der Gesellschaft die größtmögliche Unabhängigkeit zu sichern, sondern festzulegen, unter welchen Bedingungen sich die unvermeidliche menschliche Totalisation* vollziehen kann, nicht nur ohne in jedem von uns, ich sage nicht die Autonomie, sondern (was etwas ganz anderes ist) die unmittelbare Einmaligkeit des Seins, das wir besitzen, zu zerstören, sondern auf eine solche Weise, daß diese sich steigert.

Nicht mehr Organisation der Welt zugunsten und nach dem Maße des vereinzelten Individuums, sondern alles um der Vollendung (der ›Personalisation‹*) des Individuums willen vereinen durch wohlgelenkte Integration* des letzteren in die geeinte Gruppe, in der eines Tages organisch und psychisch die Menschheit kulminieren soll: das ist das Problem.

Wird die Frage der Menschenrechte so in den Rahmen einer Gleichung mit zwei Veränderlichen gestellt (fortschreitende Anpassung in wechselseitiger Abhängigkeit der beiden Prozesse der Kollektivisation* und Personalisation), läßt sie keine einfache oder allgemeine Antwort mehr zu. Zumindest, darf man sagen, muß jeder Lösungsvorschlag den folgenden drei Bedingungen genügen:

1. Innerhalb einer Menschheit auf dem Wege kollektiver Organisation hat das Individuum nicht mehr das Recht, untätig zu bleiben, das heißt: nicht dahin zu streben, sich bis an die Grenzen seiner selbst zu entwickeln; denn von seiner Vervollkommnung hängt die Vervollkommnung aller um es herum ab.

2. Die Gesellschaft muß in ihrem eigenen Interesse dahin *streben*, um die Individuen, die sie gruppiert, das Milieu zu schaffen, das die volle (physische und psychi-

sche) Entwicklung dessen fördert, was das Eigenständigste in jedem einzelnen ausmacht. Wirklich ein banaler Leitsatz; doch die Art und Weise seiner Anwendung läßt sich unmöglich für alle Fälle festlegen, denn sie wechselt mit dem Erziehungsniveau und mit dem progressiven Wert der zu organisierenden verschiedenen Elemente.

3. Welche Maßnahmen in diesem Sinne auch getroffen werden, ein ganz wesentlicher Punkt muß betont und immer beachtet werden: in keinem Falle, zu keinem Zweck dürfen die kollektiven Kräfte den einzelnen zu einer Verbildung oder Verfälschung seiner selbst zwingen (was zum Beispiel der Fall wäre, wenn er als wahr anerkennte, was er als falsch ansieht, das heißt, wenn er sich selbst belöge). Um legitim zu sein, muß jede durch die Macht der Gruppe der Autonomie des Elements auferlegte Richtungsbeschränkung *entsprechend* der inneren und freien Struktur dieses Elements wirken. Andernfalls würde eine grundlegende Zwietracht in das Herz des menschlichen Kollektivorganismus eindringen.

Absolute Pflicht für das Element, an seiner Personalisation* zu arbeiten.

Relatives Recht des Elements auf die bestmöglichen Bedingungen für seine Personalisation:

Absolutes Recht des Elements, innerhalb des sozialen Organismus nicht durch äußeren Zwang verbildet, sondern innerlich durch Überzeugung, das heißt in Übereinstimmung mit seinen persönlichen Gewißheiten und Bestrebungen, super*-organisiert zu werden.

Drei Punkte, die in jeder neuen Charta der Menschheit ausführlich darzulegen und zu garantieren sind.

Aus: Einige Bemerkungen über die Menschenrechte. Paris, 22. März 1947 (5, S. 254–256).

4 Eine einzelne Freiheit ist schwach

Ich weiß: durch eine Art angeborener fixer Idee gelingt es uns nicht, uns von der Vorstellung freizumachen, daß wir, wenn wir so allein wie möglich sind, am meisten Herr unserer selbst werden. Doch ist nicht gerade das Gegenteil wahr? Vergessen wir das nicht. In jedem von uns ist strukturell alles elementar, sogar unsere Freiheit. Damit ist es uns unmöglich, darüber hinaus frei zu werden, ohne uns *in passender Weise* zusammenzuschließen und zu verbinden. Ein gefährliches Unternehmen, einverstanden, denn ob unser Tun in Unordnung vermengt oder wie einfache Räderwerke ineinander verzahnt wird, es wird neutralisiert oder mechanisiert (wir erfahren das nur allzu deutlich). Aber auch ein heilsames Unternehmen, denn, in der Annäherung von Zentrum* zu Zentrum (das heißt in einem gemeinsamen Sehen oder einer gemeinsamen Leidenschaft) wird es unzweifelhaft reicher. Ein Team, zwei Liebende... Durch Sympathie* bewirkt, beschränkt die Vereinigung* nicht, vielmehr steigert sie die Möglichkeiten des Seins. In unserem begrenzten Maßstab machen wir überall und täglich diese Erfahrung. Warum sollte in einem sehr viel größeren Maßstab, in einem das Ganze umfassenden Maßstab, das Gesetz, wenn es doch in der Struktur der Dinge begründet ist, nicht mehr gelten? Eine Frage der Intensität des polarisierenden und anziehenden Feldes. Im Falle eines blind wirkenden Sammelns oder einer rein werkzeuglichen Anordnung vermaterialisiert* das Spiel der großen Zahlen allerdings, – im Fall einer von innen her verwirklichten Einmütigkeit aber personalisiert* es, und, würde ich sogar hinzufügen, es macht unser Tun unfehlbar. Eine einzelne Freiheit ist, für sich genommen, schwach, unsicher, und sie kann in ihren tastenden Versuchen leicht irregehen. Eine frei handelnde Totalität von Freiheiten findet schließlich immer ihren Weg.

Aus: Die Bildung der ›Noosphäre‹. ›Revue des Questions Scientifiques‹, Januar 1947 (5, S. 240f.).

5 Das höchste Wissen

a) In der Erziehung findet in reflektierter Form und in ihren sozialen Dimensionen die biologische Arbeit der Vererbung, die seit allem Anfang die Welt in Bereiche immer höheren Bewußtseins* emergieren läßt, ihre Fortsetzung und Emergenz*. Als unmittelbarer Mitarbeiter der Schöpfung muß der Erzieher die Achtung für sein Bemühen und die Arbeitslust aus einem tiefen und mitteilsamen Verständnis für die von der Natur bereits erreichten oder erwarteten Entwicklungen schöpfen. Jede seiner Schulstunden muß das lieben und die Liebe zu dem wekken, was es an Unüberwindlichstem und Endgültigstem in den Errungenschaften des Lebens* gibt.

b) Durch die Erziehung geht ferner, dank der fortschreitenden Verbreitung gemeinsamer Ansichten und Haltungen, die langsame Konvergenz* der Geister* und Herzen weiter, außerhalb derer es vor uns keinen Ausweg für die Bewegungen des Lebens zu geben scheint. Da er unmittelbar beauftragt ist, diese menschliche Einmütigkeit zu gewährleisten, muß der Erzieher, ob er nun von Literatur, Geschichte, Naturwissenschaft oder Philosophie zu sprechen hat, ständig aus ihr leben und bewußt ihre Verwirklichung betreiben. Ein leidenschaftlicher Glaube an die Objektivität und Größe der menschlichen Hoffnungen muß die ansteckende Flamme seines Unterrichts sein.

c) Mittels der Erziehung schließlich vollzieht sich sowohl unmittelbar wie auch mittelbar die fortschreitende Eingliederung der Welt in das fleischgewordene Wort. Mittelbar, insofern sich in einer besser in sich selbst gesammelten Menschheit der Gegenstand dieser hohen Transformation* vorbereitet. Unmittelbar, insofern der von Jesus Christus geschichtlich ausgelöste Gnadenstrom sich nur ausbreitet, wenn er von einer lebendigen Tradition getragen wird. Wenn der Lehrer sowohl den einen wie auch den anderen dieser beiden Einflüsse, den vermenschlichenden und den vergöttlichenden, mit voller Wirksamkeit übermitteln will, muß er von der Evidenz ihrer unauflösbaren und strukturellen Verbundenheit geradezu erdrückt werden. Gelebt und begriffen haben, um es leben und begreifen zu lassen, daß jede menschliche Bereicherung, wie immer sie auch sei, nur Staub ist, es sei denn, sie wird zum Kostbarsten, zum Unzerstörbarsten der Dinge, indem sie sich einem Zentrum* unsterblicher Liebe angliedert: das ist das höchste Wissen und die letzte Unterweisung des christlichen Erziehers.

Diese drei miteinander verknüpften Thesen vollenden ein Gebäude, dessen vollkommene Ordnung die Wahrheit bezeugt.

Aus: Soziale Vererbung und Fortschritt. 1938 (5, S. 53f.).

6 Jede Geste drängt uns mehr zueinander

Die Waffen, die jedes Volk verzweifelt schmiedet, um sich zu verteidigen und zu trennen, werden unmittelbar das Eigentum aller anderen; und sie verwandeln sich in Bande, die die menschliche Solidarität noch ein wenig mehr vermehren. Das gilt auch von den manchmal für die Industrie revolutionären Erfindungen, die jedes Land zu finden gezwungen ist, um sein Wirtschaftsleben aufrechtzuerhalten, ohne irgend etwas außer von sich selbst zu verlangen. Und das gilt schließlich auch von den psychologischen und sozialen Umstellungen, durch die jede Nation die geistige Vorherrschaft zu entdecken und für sich zu gewinnen glaubt, durch die sie einzigartig unter allen anderen würde. Was fortschrittlich und gültig in diesen Entdeckungen oder diesem Erwachen des Bewußtseins* ist, wird durch Ansteckung mitgeteilt und nützt der ganzen menschlichen Familie. Kurz, jede Geste, die wir tun, um uns zu isolieren, drängt uns mehr zueinander. Oben die

Kraft des Geistes*, dessen konvergente* ›Krümmung‹ unvermeidlich den Strom all dessen zusammendrängt, dem es gelingt, aufzusteigen. Und unten die Macht der Erde, deren begrenzte Oberfläche unerbittlich die Schichten der menschlichen Masse um so mehr in sich zusammendrängt, als sie sich ausweiten.

Aus: Natürliche menschliche Einheiten. ›Etudes‹, 5. Juli 1939 (3, S. 307f.).

II »Liebt euch, oder ihr geht zugrunde!« Über die geheimnisvollste der kosmischen Energien

Seit Teilhard im Jahre 1912 seiner Cousine Marguerite Teilhard-Chambon in Paris wieder begegnete, woraus sich eine lebenslange Freundschaft entwickelte, und durch die Bekanntschaft 1919 mit der Feministin Léontine Zanta, 1924 mit der Marxistin Ida Treat, 1929 mit der Künstlerin Lucile Swan und 1935 mit der Atheistin Rhoda de Terra – um nur die wichtigsten Freundschaften seines Lebens zu nennen –, weiß er aus Erfahrung, »was die Welt im Innersten zusammenhält«. Er erkennt darüber hinaus: Die Liebe ist auch die geheimnisvolle Kraft, die auf eine zunehmende Vereinigung aller Wesen hindrängt und deshalb – wenn auch auf unterschiedliche Weise – auf allen Stufen des Universums anzutreffen ist (Text 7).

Ein Höhepunkt dieser Liebe ist zweifellos die geschlechtliche Anziehung zwischen den Menschen. Sie befindet sich jedoch gegenwärtig in einer krisenhaften Neuorientierung: Da die Evolution auf eine Zunahme des Geistes und des Personalen drängt, scheint die bisher vorherrschende Aufgabe der geschlechtlichen Vereinigung, die Fortpflanzung, zurückzutreten zugunsten der personalen Hingabe. Diese Liebe darf sich freilich nicht als »Egoismus zu zweit« mißverstehen, sondern muß sich als Zentrum und Element der fortschreitenden Vereinigung des Universums begreifen und dafür offen sein – das heißt für Gott (Text 8).

Weil die Liebe nichts anderes ist als die Lebenskraft des Universums, ist ihr Mißbrauch verhängnisvoll und eine Vergeudung der zur Weiterentwicklung benötigten Energien (Text 9). Das zu erkennen und daraus die Konsequenzen zu ziehen, ist das Gebot der Stunde (Text 10).

7 Die Fragmente der Welt suchen einander

In ihrer vollen biologischen Realität betrachtet, ist die Liebe (das heißt, die Anziehung, die ein Wesen auf ein anderes ausübt) nicht auf den Menschen beschränkt. Sie ist allem Leben* eigentümlich und verbindet sich in verschiedener Weise und in verschiedenem Grade mit allen Gestalten, in denen die organische Materie* nach und nach erscheint. Bei den uns noch nahen Säugetieren erkennen wir sie leicht in ihren verschiedenen Ausdrucksweisen: sexuelle Leidenschaft, väterlicher oder mütterlicher Instinkt, soziale Solidarität und so weiter. Weiter entfernt oder tiefer am Baum des Lebens sind die Analogien* weniger klar. Sie werden immer schwächer und sind schließlich nicht mehr wahrzunehmen. Doch hier muß ich wiederholen, was ich vom ›Innen* der Dinge‹ gesagt habe. Wenn nicht schon im Molekül – gewiß auf unglaublich rudimentärer Stufe, aber doch schon angedeutet – eine Neigung zur Vereinigung* bestünde, so wäre das Erscheinen der Liebe auch auf höherer Stufe, in ihrer menschlichen Form, physisch unmöglich. Im Prinzip müssen wir voraussetzen, daß sie zumindest in einem Anfangszustand in allem Seienden vorhanden ist, um dann ihre Gegenwart bei uns mit Sicherheit festzustellen. Wenn wir rings um uns die steigende Flut bewußter Wesen beobachten, die sich vereinigen, so sehen wir, daß sie tatsächlich nirgends fehlt. Schon Platon hat dies gefühlt und dafür in seinen Dialogen die unsterbliche Ausdrucksform gefunden. Später ist die Philosophie des Mittelalters mit Denkern wie Nikolaus von Kues praktisch auf dieselbe Idee zurückgekommen. Mit den Kräften der Liebe suchen die Fragmente der Welt einander, auf daß die Welt sich vollende. Dies ist kein Gleichnis – und viel mehr als Dichtung. Mag die allgemeine Schwere der Körper, die uns so sehr beeindruckt, Kraft oder Krümmung des Raumes sein, sie ist nur die andere Seite oder der Schatten der wahren Triebkraft der Natur. Um die kosmische ›Quell‹-Energie* wahrzunehmen, muß man, sofern die Dinge ein Innen besitzen, bis zur inneren oder radialen* Zone der geistigen* Anziehungskräfte hinabsteigen.

Die Liebe in allen ihren Schattierungen ist nichts Anderes und nichts Geringeres als die mehr oder minder direkte Spur, die das Universum* in seiner psychischen Konvergenz* zu sich selbst in das Herz des Elementes einprägt.

Aus: Der Mensch im Kosmos. Peking, 1938–1940 (1, S. 272f.).

8 Die Liebe ist eine Funktion mit drei Gliedern

Die wechselseitige Anziehung der Geschlechter ist eine so grundlegende Tatsache, daß jede Erklärung der Welt (sei sie biologisch, philosophisch oder religiös), der es nicht gelänge, ihr in ihrem Gebäude einen *auf Grund seiner Konstruktion wesentlichen* Platz zu finden, virtuell zum Scheitern verurteilt ist. Einen derartigen Platz für die Geschlechtlichkeit festzulegen, ist ganz besonders leicht in einem kosmischen System, das auf der Vereinigung* aufbaut. Sie muß aber darüber hinaus sowohl in der Zukunft als auch in der Vergangenheit klar definiert werden. Welches sind in genauer Weise der Sinn und die Essenz der Leidenschaft-Liebe in einem Universum* aus personalem* Stoff?

In ihren Anfangsformen und bis sehr weit empor im Leben* scheint Geschlechtlichkeit mit Fortpflanzung identisch zu sein. Die Wesen nähern sich einander, um nicht sich selbst, sondern das weiterzuführen, was sie erworben haben. Dieser Zusammenhang zwischen dem Paar und der Fortpflanzung ist so innig, daß Philosophen wie Bergson dort einen Hinweis gesehen haben, das Leben sei existenter als die Lebewesen; und daß so vollendete Religionen wie das Christentum bisher fast den gesamten Kodex ihrer Sittlichkeit auf das Kind gegründet haben.

Von dem Standpunkt, zu dem uns die Analyse eines Kosmos konvergenter* Struktur geführt hat, zeigen sich die Dinge ganz anders. Daß die Geschlechtlichkeit zunächst als überwiegende Funktion hatte, die Erhaltung der Art zu gewährleisten, steht außer Zweifel – solange als sich im Menschen noch nicht der *Zustand* der Personalität herausgebildet hatte. Doch mit dem kritischen Augenblick der Hominisation* fiel der Liebe eine andere, wesentlichere Rolle zu – eine Rolle, deren Bedeutung wir anscheinend erst zu fühlen beginnen: ich meine die notwendige Synthese des männlichen und weiblichen Prinzips im Aufbau der menschlichen Personalität. Kein Moralist oder Psychologe hat jemals daran gezweifelt, daß die beiden Gatten in dem Zusammenspiel ihrer Fortpflanzungsfunktion eine wechselseitige Ergänzung finden. Doch diese Vollendung wurde bisher immer nur als ein *Sekundär*effekt angesehen, der nebenbei mit dem Hauptphänomen der Zeugung verbunden ist. Um uns herum will, wenn ich mich nicht täusche, die Bedeutung der Faktoren entsprechend den Gesetzen des personalen Universums umschlagen. Der Mann und die Frau für das Kind – noch und noch lange, solange das irdische Leben nicht zur Reife gelangt ist. Der Mann und die Frau füreinander, immer mehr und für immer.

Um die Wahrheit dieser Sehweise aufzuzeigen, kann ich nichts anderes und Besseres tun, als auf das einzige Kriterium zurückzugreifen, das unser Vorgehen im Laufe dieser Untersuchung geleitet hat: nämlich das einer möglichst vollkommenen Kohärenz der Theorie mit einem umfassenderen Bereich der Wirklichkeit. Wenn der Mann und die Frau, so möchte ich sagen, hauptsächlich für das Kind da wären, dann müßten die Rolle und die Kraft der Liebe in dem Maße abnehmen, wie die menschliche Individualität sich vollendet und wie im übrigen die Dichte der Bevölkerung auf der Erde sich ihrem Sättigungsgrad nähert. Wenn dagegen der Mann und die Frau hauptsächlich füreinander da sind, dann begreifen wir, daß sie, je mehr sie sich vermenschlichen, auf Grund dieser alleinigen Tatsache ein wachsendes Bedürfnis verspüren, sich einander zu nähern. Dieses aber und nicht jenes wird durch die Erfahrung bewahrheitet – und das ist zu erklären.

In der hier angenommenen Hypothese eines auf dem Wege der Personalisation befindlichen Universums findet das Faktum, daß die Liebe wachse, anstatt abzunehmen, indem sie sich hominisiert*, sehr natürlich seine Deutung – und seine Extrapolation*. Im menschlichen Individuum, so sagten wir weiter oben, kommt die Evolution* nicht zum Abschluß; vielmehr geht sie weiter in Richtung einer vollkommeneren Konzentration, die an eine weitere Differenzierung* gebunden ist, die ihrerseits durch Vereinigung erzielt wird. Nun, so werden wir sagen, die Frau ist gerade für den Mann der Zielpunkt, der in der Lage ist, diese Vorwärtsbewegung auszulösen. Durch die Frau, und durch die Frau allein, kann der Mann der Isolierung entgehen, in die gerade seine Vollkommenheit ihn einzuschließen droht. Es ist also nicht mehr im ganz strengen Sinne richtig, zu sagen, die Masche des Universums sei für unsere Erfahrung die denkende Monade. Das vollständige menschliche Molekül ist um uns herum bereits ein synthetischeres und von vornherein vergeistigteres Element als die Individual-Person – es ist eine Dualität, die zugleich das Maskuline und das Feminine umgreift.

Hier wird in ihrer ganzen Fülle die kosmische Rolle der Geschlechtlichkeit sichtbar. Und hier lassen sich gleichzeitig die Regeln erkennen, die uns bei der Eroberung dieser schrecklichen Energie* führen werden, in der in gerader Linie die Macht durch uns hindurchgeht, die das Universum in sich selbst konvergieren läßt.

Die erste Regel sagt, die Liebe diene entsprechend den allgemeinen Gesetzen der *unio creatrix** der geistigen Differenzierung der beiden Wesen, die sie einander annähert. Also darf weder der eine den anderen aufsaugen – und noch weniger dürfen sich die beiden in das Genießen eines leiblichen Besitzens verlieren, das den Fall in den Plural und die Rückkehr zum Nichts bedeuten würde. Das ist eine geläufige Erfahrung. Doch wird das nur recht begreiflich in den Perspektiven der Geist*-Materie*. Die Liebe ist eine abenteuerliche Eroberung. Sie hält und entwickelt sich nur, wie das Universum selbst, durch eine dauernde Entdeckung. Also lieben sich in legitimer Weise nur jene, die alle beide, der eine durch den anderen, von der Leidenschaft zu einem höheren Besitz ihres Seins geführt werden. So liegt die Schwere der Sünden wider die Liebe nicht darin, ich weiß nicht welche Scham oder Tugend zu verletzen. Sie besteht darin, aus Nachlässigkeit oder Begierlichkeit die Personalisationsreserven des Universums zu vergeuden. Diese Verschleuderung erklärt auch die Unordnung der ›Unreinheit‹. Und sie macht auch auf einer höheren Stufe in den Entwicklungen der Vereinigung das Eigentliche einer subtileren Verderbnis der Liebe aus: ich meine den Egoismus zu zweien. [...]

Wenn zwei Wesen inmitten des Gewimmels der Seienden dahin gelangen, sich zu begegnen, und wenn zwischen ihnen eine große Liebe möglich ist, tendieren sie unmittelbar dahin, sich in den eifersüchtigen Besitz ihrer gegenseitigen Vollendung einzuschließen. Unter dem Effekt der Fülle, die sie überflutet, streben sie instinktiv dahin, sich ineinander einzuschließen, unter Ausschluß der anderen. Und selbst wenn es ihnen gelingt, die wollüstige Versuchung der Absorption und der Ruhe zu überwinden, versuchen sie, die Zukunftsversprechen auf ihre wechselseitige Entdeckung zu begrenzen, so als bildeten sie ein *Universum zu zweien*.

Doch auf Grund all dessen, was wir über die wahrscheinliche Struktur des Geistes gesagt haben, ist klar, daß dieser Traum nur eine gefährliche Illusion ist. Kraft eben des Prinzips, das die ›einfachen‹ personalen Elemente verpflichtete, sich im Paar zu ergänzen, muß das Paar seinerseits über sich selbst hinaus die Vollendungen weiterführen, die sein Wachstum erfordert. Und zwar auf zweierlei Weisen. Einerseits muß es außerhalb andere

Gruppen derselben Größenordnung suchen, mit denen es sich im Hinblick darauf verbinden muß, sich noch mehr zu zentrieren* [...] Andererseits muß das Zentrum, auf das hin die beiden Liebenden konvergieren, indem sie sich vereinen, seine Personalität im Herzen selbst des Kreises bekunden, wo sich ihre Vereinigung isolieren möchte. Ohne aus sich herauszutreten, findet das Paar sein Gleichgewicht nur in einem Dritten, das ihm voraus ist. Welchen Namen muß man diesem geheimnisvollen ›Eindringling‹ geben?

Solange die geschlechtlich geprägten Elemente der Welt den Zustand der Personalität nicht erreicht hatten, vermochte die Nachkommenschaft allein die Wirklichkeit darzustellen, in der in gewisser Weise die Urheber der Zeugung ihre Weiterführung fanden. Doch sobald die Liebe begann, nicht mehr nur zwischen zwei Eltern, sondern zwischen zwei Personen zu spielen, mußte sich mehr oder weniger verworren den Liebenden voraus der endgültige Zielpunkt enthüllen, in dem nicht mehr nur ihr Geschlecht, sondern ihre Personalität zugleich gerettet und vollendet würde. Und damit beginnt von neuem der »Fall nach vorn«, dessen Schicksalswege wir bereits verfolgt haben. Schritt um Schritt müssen wir durchaus bis zum Ende der Welt gehen. Und letzten Endes erscheint das totale Zentrum selbst weit eher als das Kind zur Festigung der Liebe notwendig. Die Liebe ist eine Funktion mit *drei* Gliedern: der Mann, die Frau und Gott. Ihre ganze Vollkommenheit und ihr ganzes Gelingen sind an den harmonischen Ausgleich dieser drei Elemente gebunden.

Hier zeigt sich ein großer Unterschied zwischen den Ergebnissen, zu denen unsere Analyse eines personalen Universums führt, und den von den alten Morallehrern anerkannten Regeln. Für diese war Reinheit im allgemeinen gleichbedeutend mit Trennung der Geschlechter. Um zu lieben, mußte man verlassen. Ein Glied schloß das andere aus. Das ›Binom‹ Mann-Frau wurde durch das

Binom Mann-Gott (oder Frau-Gott) ersetzt; das war das Gesetz der höchsten Tugend. Sehr viel allgemeiner und befriedigender scheint uns die Formulierung zu sein, die die Vereinigung dreier sich gegenüberstehender Glieder respektiert. Die Reinheit, so möchten wir sagen, ist einfach der Ausdruck für die mehr oder weniger deutliche Weise, in der sich über den sich liebenden Wesen das letzte Zentrum ihrer Koinzidenz explizitiert. Hier ist nicht mehr die Rede davon, sich zu verlassen, sondern nur noch davon, sich in einem Größeren als man selbst zu verbinden. Die Welt wird nicht durch Unterdrückung, sondern durch Sublimation vergöttlicht. Ihre Heiligkeit heißt nicht Elimination, sondern Konzentration der Säfte der Erde. So wird in eine neue Askese – die, wie wir sehen werden, ebenso mühsam, aber sehr viel begreiflicher und wirksamer ist als die alte – der Begriff der Geist-Materie umgesetzt.

Sublimation: also Erhaltung; aber auch, und mehr noch, Transformation*. Wenn es also stimmt, daß der Mann und die Frau sich um so mehr mit Gott vereinen, als sie einander lieben, ist es um nichts weniger gewiß, daß sie, je mehr sie Gott gehören, desto mehr dahin geführt werden, einander in schönerer Weise zu lieben. In welcher Richtung wird sich, soweit wir uns das vorstellen können, diese Weiterevolution der Liebe vollziehen?

Wahrscheinlich in Richtung einer schrittweisen Minderung dessen, was im Geschlechtlichen noch (und notwendig) die bewundernswerte, aber vorübergehende Seite der Fortpflanzung ausmacht. Das Leben, so haben wir eingeräumt, breitet sich nicht aus um der Ausbreitung willen, sondern nur, um die zu seiner Personalisation notwendigen Elemente anzuhäufen. Wenn also für die Erde die Reifung ihrer Personalität nahekommt, müssen die Menschen anerkennen, daß es für sie nicht einfach nur um die Frage geht, die Geburten zu kontrollieren; vielmehr kommt es vor allem darauf an, der Quantität der von der Pflicht der Fortpflanzung befreiten Liebe ihre volle Entfaltung zu geben. Unter dem Druck dieses neuen Bedürfnisses wird die wesentlich personalisierende Funktion der Liebe sich mehr oder weniger vollständig von dem lösen, was zu seiner Zeit das Organ der Vermehrung war, vom »Fleisch«. Ohne aufzuhören, physisch zu sein, um physisch zu bleiben, wird die Liebe geistiger werden.

Das Geschlechtliche wird für den Mann durch das reine Weibliche überreich erfüllt.

Ist nicht das in seiner Wirklichkeit der eigentliche Traum von der Keuschheit?

Aus: Skizze eines personalen Universums. Peking, 4. Mai 1936 (6, S. 96 bis 103).

9 Die Vergeudung der wunderbarsten Kraft

Die Liebe ist die universellste, die ungeheuerlichste und die geheimnisvollste der kosmischen Energien*. Nach jahrhundertelangem Tasten* haben die sozialen Einrichtungen sie äußerlich eingedeicht und kanalisiert. Unter Ausnützung dieser Lage haben die Moralisten versucht, sie zu reglementieren – ohne übrigens in ihren Konstruktionen über das Niveau eines elementaren Empirismus hinauszugelangen, in dem die Einflüsse überholter Vorstellungen von der Materie* und die Spuren alter Tabus nachwirken. Sozial tut man so, als kenne man sie nicht in der Wirtschaft, in den Geschäften, in den Versammlungen – während sie verstohlen überall ist. Unerbittlich, ubiquistisch und immer noch nicht unterworfen – es scheint, man ist schließlich daran verzweifelt, diese wilde Kraft zu begreifen und einzufangen. Man läßt ihr also (und man spürt das) überall im Untergrund unserer Zivilisation freien Lauf, man fordert von ihr gerade eben, uns zu belustigen oder nicht zu schaden ... Ist es der Menschheit wirklich möglich, weiterzuleben und zu wachsen, ohne sich darüber zu befragen, was sie an Wahrheit und Kraft in ihrem unglaublichen Vermögen zu lieben verlorengehen läßt?

Vom Standpunkt der geistigen* Evolution* aus, den wir hier angenommen haben, können wir, so scheint es, dieser seltsamen Energie der Liebe einen Namen und einen Wert geben. Sollte sie nicht ganz einfach in ihrem Wesen eben die Anziehungskraft sein, die auf jedes bewußte* Element von dem in Bildung begriffenen Zentrum* des Universums* ausgeübt wird? Der Ruf zu der großen Vereinigung*, deren Verwirklichung das einzige gegenwärtig in Gang befindliche Ereignis in der Natur ist? ... Wird nicht in dieser Hypothese, nach der (entsprechend den Ergebnissen der psychologischen Analyse) die Liebe die universelle und ursprüngliche psychische Energie wäre, um uns herum für den Verstand und für das Tun alles klar? Man kann versuchen, die Geschichte der Welt von außen zu rekonstruieren, indem man in ihren verschiedenen Prozessen das Zusammenspiel der atomaren, molekularen oder zellularen Verbindungen beobachtet. Man kann diese selbe Arbeit noch wirksamer von innen her versuchen, indem man den von der bewußten Spontaneität schrittweise verwirklichten Fortschritten folgt und die von ihr nacheinander überschrittenen Schwellen festhält. Die aussagestärkste und zutiefst wahre Weise, die universelle Evolution zu erzählen, wäre wahrscheinlich, die Evolution der Liebe nachzuzeichnen.

In ihren primitivsten Formen, in dem kaum individualisierten Leben*, läßt die Liebe sich nur schwierig von den molekularen Kräften unterscheiden: Chemismen, Taxismen, so könnte man glauben. Dann tritt sie nach und nach hervor, um jedoch noch lange Zeit hindurch mit der einfachen Fortpflanzungsfunktion *verschmolzen* zu bleiben. Mit der Hominisation* endlich, und nur dort, offenbaren sich das Geheimnis und die vielfältigen Kräfte ihrer Gewalt. Die ›hominisierte‹ Liebe unterscheidet sich von jeder anderen Liebe, weil das ›Spektrum‹ ihres heißen und durchdringenden Lichtes wunderbar reich geworden ist. Nicht mehr nur die einzige und periodische Anziehung im Hinblick auf die materielle Fruchtbarkeit, sondern eine grenzenlose und ruhelose Möglichkeit des Kontakts durch den Geist weit eher als durch den Leib; unendlich zahlreiche und subtile Antennen, die unter den zarten Nuancen der Liebe zu finden sind; seit der wechselseitigen Sensibilisierung und Vollendung, in denen die Sorge um die Rettung der Art nach und nach in dem immer umfassenderen Rausch verschmilzt, zu zweien eine Welt zu vollenden. – Zum Manne hin durch die Frau hindurch geht in Wirklichkeit das Universum voran. Die ganze Frage (die für die Erde vitale Frage...) ist, daß sie einander erkennen.

Wenn der Mann nicht die wahre Natur, den wahren Gegenstand seiner Liebe erkennt, herrscht unheilbare und tiefe Unordnung. Erbittert bemüht, an einer zu kleinen Sache eine Leidenschaft zu stillen, die sich an das All richtet, wird er notgedrungen versuchen, durch die immer vermehrte Materialität oder Vielheit seiner Erfahrungen eine fundamentale Unausgeglichenheit zu befriedigen. Eitle Versuche – und in den Augen dessen, der den unschätzbaren Wert des menschlichen ›geistigen Quantums‹ erahnt, eine erschreckende Verschwendung. – Lassen wir, ich bitte Sie, alle gefühlsmäßigen Eindrücke und alle tugendhaften Ärgernisse beiseite. Betrachten wir vielmehr sehr kalt, als Biologen oder als Ingenieure, die rotglühende Atmosphäre unserer großen Städte am Abend. Dort – und übrigens überall – vergeudet die Erde fortwährend in reinem Verlust ihre wunderbarste Kraft. Die Erde brennt ›an freier Luft‹. Wieviel Energie, glauben Sie, geht in einer Nacht für den Geist der Erde verloren?...

Daß der Mensch dagegen die universelle Wirklichkeit erkennte, die geistig durch das Fleisch hindurchleuchtet. Er würde dann den Grund dessen erkennen, was bis dahin sein Liebesvermögen enttäuschte und verdarb. Die Frau steht vor ihm als der Anreiz und das Symbol der Welt. Er vermöchte sie nur zu umarmen, indem er selbst seinerseits nach dem Maße der Welt wächst. Und weil die Welt immer größer ist und immer unvollendet und immer uns selbst voran – hat sich der Mann in eine grenzenlose Eroberung des Universums und seiner selbst eingelassen, um seine Liebe zu ergreifen. In diesem Sinne vermag der Mann die Frau erst in der vollendeten universellen Vereinigung zu erreichen. – Die Liebe ist ein geheiligter Energievorrat – und sozusagen das Blut selbst der geistigen Evolution: das enthüllt uns der Sinn für die Erde als erstes.

Aus: Der Geist der Erde. Pazifik, 9. März 1931 (6, S. 42–45).

10 Das einzige Tor nach vorn

›Liebet einander‹. Vor zweitausend Jahren sind diese Worte gesprochen worden. Heute aber klingen sie mit einem sehr anderen Ton wieder in unseren Ohren. Jahrhunderte hindurch konnten Liebe, Brüderlichkeit nur als ein Codex der sittlichen Vollkommenheit dargestellt werden oder auch als eine praktische Methode, um die Reibungen und die Mühsale des irdischen Lebens zu verringern. Doch seitdem sich unserem Geist einerseits die Existenz der Noosphäre* und andererseits die vitale Notwendigkeit geoffenbart hat, vor der wir stehen, jene zu retten, wird die sprechende Stimme gebieterischer. Sie sagt nicht mehr nur: ›Liebt euch, um vollkommen zu sein‹, vielmehr fügt sie hinzu: ›Liebt euch, oder ihr geht zugrunde‹. Die ›realistischen‹ Geister mögen ruhig über die Träumer lächeln, die von einer nicht mehr durch Gewalt, sondern durch Liebe verkitteten und geharnischten Menschheit sprechen. Sie mögen ruhig leugnen, daß ein Höchstmaß an physischer Kraft mit einem Höchstmaß an Sanftmut und Güte zusammenfallen könne. Diese

Skepsis und diese Kritiken werden nicht verhindern können, daß die Theorie und die Erfahrung der geistigen Energie* sich einig sind, um uns zu sagen, daß _wir an einen entscheidenden Punkt der menschlichen Evolution* gelangt sind_, wo das einzige Tor nach vorne in Richtung einer gemeinsamen Leidenschaft, einer ›Konspiration‹, liegt.

Fortfahren, unsere Hoffnung auf eine durch äußere Gewalt erzielte soziale Ordnung zu setzen, käme für uns ganz einfach einem Aufgeben jeder Hoffnung gleich, den Geist der Erde bis an seine Grenzen zu vollenden.

Doch als Ausdruck einer unwiderstehlichen und unfehlbaren Bewegung wie das Universum* selbst kann die Menschliche Energie durch kein Hindernis davon abgehalten werden, frei den natürlichen Zielpunkt ihrer Evolution zu erreichen.

Wir nähern uns also trotz aller Fehlschläge und aller Unwahrscheinlichkeiten einem neuen Zeitalter, in dem die Welt ihre Ketten abwerfen wird, um sich endlich den Kräften ihrer inneren Affinitäten* zu überlassen.

Aus: Die Menschliche Energie. Peking, 20. Oktober 1937 (6, S. 206f.).

III »Schmerz und Schuld, Tränen und Blut« Das Übel, das Böse und der Tod

Man hat Teilhard vorgeworfen, bei ihm kämen das physische Übel und das moralische Böse nicht vor oder würden verharmlost. Davon kann keine Rede sein, wie die folgenden Texte zeigen.

Was die Kritiker eher irritiert haben mag, ist die Deutung, die Teilhard den Nachtseiten des Universums gegeben hat. Von dieser Deutung hat er auch im Text 11 nicht abgelassen, den er 1948 auf ausdrücklichen Wunsch der römischen Ordenszensoren seinem Buch ›Der Mensch im Kosmos‹ angefügt hat (vielleicht war das der Grund, weshalb das Buch dann doch nicht zu Lebzeiten Teilhards erscheinen durfte).

Teilhard ist aus wissenschaftlichen und religiösen Gründen davon überzeugt: Das Übel und das Böse sind keine ursprünglich nicht vorgesehenen, nur auf den Menschen oder auf eine böse, den Menschen anstiftende Macht zurückgehenden Mängel der Schöpfung. Das Übel und das Böse sind vielmehr für Teilhard der Preis, den die Entwicklung des Universums kostet. In einem dynamischen Universum sind Wachstumskrisen unvermeidlich, wenn die Entwicklung nicht total gesteuert verläuft, sondern auch aus Eigenbewegung besteht, die ihren Weg durch tastendes Suchen finden muß. Diese Eigenbewegung gipfelt in der Freiheit des Menschen, der sich der Bewegung und der Zielsetzung sogar verweigern und dadurch individuelle und kollektive Endkatastrophen herbeiführen kann (vgl. Kapitel X).

So sehr diese Nachtseiten, die im Tod kulminieren, unser Leben auch bestimmen (Text 12), so ratlos uns bei dem Bemühen, dem Übel, sogar dem Tod (Text 14), eine gute Seite abzugewinnen, Einzelfälle auch lassen (Text 13), – Teilhard hat unerschütterlich daran geglaubt, daß der

Aufbau der Welt ein schwieriges Unterfangen ist und die Zukunft des Universums eine Eroberung, bei der unverschuldetes und verschuldetes Leiden unvermeidlich sind (Text 15). Diese Einsicht kann jedoch unsere Mitverantwortung für das Ausmaß des Leidens nicht mindern, sondern nur steigern (vgl. Kapitel V).

11 Ein Universum der Mühsal

Zunächst das *Übel der Unordnung und des Mißerfolgs.* Bis in ihre denkenden Zonen schreitet die Weltentwicklung, wie wir sahen, durch Glücksfälle, durch Tastversuche* fort. Schon aus diesem Grund zeigen sich, sogar noch im Gebiet des Menschlichen (wo der Zufall noch am ehesten gelenkt wird), so viel mißglückte Versuche gegenüber einem einzigen Erfolg – so viel Unglück für ein einziges Glück – so viel Sünder auf einen einzigen Heiligen. Auf der Stufe der Materie* im Anfang nur Mangel an Anordnung oder gestörte physikalische Ordnung; doch bald darauf Schmerz im empfindlichen Fleisch; noch höher Bosheit oder Qual des Geistes*, der sich erforscht und der wählt; wir haben es statistisch festgestellt: auf allen Stufen der Evolution*, immer und überall, in uns und um uns, bildet sich das Böse und bildet sich unversöhnlich immer aufs neue! *»Necessarium est ut scandala eveniant.«* [»Es ist notwendig, daß es zu Ärgernissen kommt.«] [...] So fordert es, ohne daß Hilfe möglich wäre, das Spiel der großen Zahlen innerhalb einer sich organisierenden Menge.

Der Zerfall als weiteres Übel: einfach eine Form des vorigen, insofern als Krankheit und Verderben immer das Ergebnis eines unglücklichen Zufalls sind; doch eine verschärfte und in doppelter Hinsicht schicksalhafte Form, so muß man hinzufügen, da für den Lebenden der Tod das regelmäßige und unentrinnbare Los geworden ist, damit in der Folge eines Phylums die einen Individuen durch die nächsten ersetzt werden. So ist der Tod ein notwendiges Rad im Mechanismus und im Aufstieg des Lebens*.

Dann *noch das Übel der Einsamkeit und der Angst:* das große (nur dem Menschen bekannte) Angstgefühl eines Bewußtseins*, das in einem dunklen Universum* zum Denken erwacht, in dem das Licht Jahrhunderte um Jahrhunderte nötig hat, um zu ihm zu gelangen – ein Universum, das wir immer noch nicht recht verstehen, und von dem wir nicht wissen, was es mit uns vorhat.

Endlich das, was uns vielleicht (weil es uns höher stimmt) weniger tragisch scheint, das aber dennoch eine Wirklichkeit ist: das *Übel des Wachstums,* das daher rührt, daß in den Wehen jeder Geburt ein geheimnisvolles Gesetz wirksam ist, demzufolge sich jeder Fortschritt* zu größerer Einheit*, vom einfachsten chemischen Vorgang bis zu den höchsten Synthesen des Geistes, in die Begriffe von Arbeit und Anstrengung übersetzt.

Gewiß, wenn man den Lauf der Welt unter diesem Gesichtspunkt betrachtet, also nicht dem des Fortschritts, sondern des Einsatzes und der Mühe, die er fordert, bemerkt man bald unter dem Schleier von Sicherheit und Harmonie, mit dem sich, aus großer Höhe gesehen, der Aufstieg des Menschen umhüllt, einen besonderen Typ von Kosmos, der das Böse (nicht durch Zufall – das hätte wenig zu bedeuten –, sondern infolge seiner ganzen Anlage) notwendig in dem Kielwasser seiner Evolution nach sich zieht, und zwar in beliebiger Menge oder Schwere. Ein Universum, das sich einrollt*, sagte ich – ein Universum, das sich verinnerlicht*: aber eben damit auch ein Universum der Mühsal, ein Universum der Sünde, ein Universum des Leides... Ordnung und Zentrierung*: diese beiden eng miteinander zusammenhängenden Formveränderungen lassen sich, wie die Ersteigung einer Bergspitze, oder die Eroberung der Lüfte, nur dann richtig durchführen, wenn man sie teuer bezahlt; – wenn wir wüßten, aus welchen Gründen und nach welcher Taxe, so hätten wir das Geheimnis der Welt um uns durchdrungen.

Schmerz und Schuld, Tränen und Blut: durchwegs Nebenprodukte, von der Noogenese* während ihres Wirkens erzeugt (übrigens häufig wertvoll und neuverwendbar). Das ist es, was uns zum Abschluß das Schauspiel der bewegten Welt enthüllt, auf Grund erster Beobachtung und Überlegung. Aber ist es auch wirklich alles – gibt es nichts anderes zu sehen? Das heißt: ist es so ganz gewiß, daß für einen Blick, den ein anderes Licht als das der reinen Wissenschaft wach und hellsichtig machte, die Menge und die Niedertracht des *hic et nunc* in der Welt verbreiteten Bösen nicht ein gewisses *Übermaß* verrät, unerklärlich für unsere Vernunft, wenn nicht der *normalen Wirkung der Evolution* noch die *außergewöhnliche Wirkung* einer uranfänglichen Katastrophe oder Abirrung hinzugefügt wird?

Aus: Der Mensch im Kosmos. Anhang, Rom, 28. Oktober 1948 (1, S. 324f.).

12 Mitten im Mark unseres Lebens

Zum Erleiden der Minderung von außen gehören alle unsere mißlichen Geschicke. Folgen wir in Gedanken unserem Lebenslauf, dann werden wir sie von überallher aufsteigen sehen: hier eine Schranke, die uns aufhält, dort eine Mauer, die uns einschließt; hier ein Stein, der uns aus der Bahn wirft, dort ein Hindernis, an dem wir zerschellen; hier eine Mikrobe, dort ein unsichtbares Wort, wodurch der Körper getötet oder der Geist* angesteckt wird. Wie viele Zwischenfälle und Unfälle jeder Schwere und jeder Art, wie viele schmerzliche Durchkreuzungen (Hemmnisse, Ängste, Verstümmelungen und Todesarten) gibt es zwischen der Welt der ›andern‹ Dinge und der Welt, die von uns ausstrahlt! Und doch, als der Hagel, das Feuer und die Banditen Job alle seine Reichtümer und seine ganze Familie genommen hatten, konnte Satan zu Gott sagen: ›Leben um Leben! Der Mensch schickt sich darein, alles zu verlieren, wenn er nur seine Haut behält. Rühre nur an den Körper Deines Dieners und Du wirst sehen, ob er Dich preist!‹ In gewissem Sinn bedeutet es wenig, daß uns die Dinge entschlüpfen, weil wir uns immer vorstellen können, sie kämen wieder zurück. Das Schreckliche für uns ist, wenn wir selbst den Dingen durch ein inneres und endgültiges Schwinden entschlüpfen.

Menschlich gesprochen, bildet das Erleiden der Minderungen von innen her den dunkelsten und hoffnungslos unbrauchbaren Rückstand unseres Lebens*. Die einen lauerten auf uns und packten uns schon beim ersten Erwachen: angeborene Fehler, körperliche, geistige oder moralische Mängel, wodurch das Feld unserer Tätigkeit, unseres Genießens und unseres geistigen Horizontes von Geburt an und für das ganze Leben unbarmherzig begrenzt wurde. Andere Minderungen erwarteten uns später, grob wie ein Unfall oder tückisch wie eine Krankheit. Uns allen kam eines Tages zum Bewußtsein* oder wird eines Tages zum Bewußtsein kommen, daß irgendeiner jener zerstörenden Vorgänge sich mitten im Mark unseres Lebens eingenistet hat. Einmal sind es die Zellen unseres Körpers, die sich auflehnen oder zerfallen. Ein andermal sind es die Elemente unserer eigenen Persönlichkeit, die ihre Harmonie zu verlieren oder sich selbständig zu machen scheinen. Machtlos erleben wir dann Zusammenbrüche, Aufstände, innere Gewaltherrschaften in einem Bezirk, wo kein freundlich gesinnter Einfluß uns zu Hilfe kommen kann. Selbst wenn wir das Glück gehabt haben, mehr oder weniger allen gefährlichen Arten des Ansturmes zu entkommen, der in der Tiefe unserer selbst unwiderstehlich die Kraft, das Licht oder die Liebe, aus der wir leben, tötet, so wartet doch eine schleichende, aber wesentliche Veränderung auf uns, der wir nicht entrinnen können: die Jahre, das Alter, die uns von Augenblick zu Augenblick uns selbst entreißen, um uns dem Ende zuzutreiben. Dauer, die die Besitznahme verzögert, Dauer, die dem Genuß entreißt, Dauer, die aus uns allen zum Tode Verurteilte macht – furchtbares Erleiden, der Ablauf der Dauer...

Im Tode fließen die plötzlichen oder allmählichen Arten des Schwindens wie in einem Meer zusammen. Der Tod vereinigt alle unsere Minderungen und vollendet sie: Er ist *das Übel* selbst – bloß physisches Übel, sofern er eine organische Folge der materiellen* Vielheit* ist, in der wir eingetaucht sind, aber auch moralisches Übel, sofern diese in Unordnung geratene Vielheit, die Ursache allen Anstoßes und jeder Verderbnis, durch den Mißbrauch unserer Freiheit in der Gesellschaft oder in uns selbst entstanden ist.

Aus: Der göttliche Bereich. Tientsin, 1926–1927 (4, S. 79–81).

13 Wo unsere Weisheit am Ende ist

Auf drei hauptsächliche Arten, so könnte man sagen, wandelt die Vorsehung jenen, die an sie glauben, das Böse zum Guten. Oft wird die Niederlage, die wir erlitten haben, unser Handeln auf Gegenstände oder Tätigkeitsbereiche hinlenken, die zwar noch immer in der Ebene des erstrebten irdischen Erfolges liegen, aber doch für uns günstiger sind. So wird uns Job vor Augen gestellt, dessen neues Glück das alte überstieg. – Ein andermal, und das weit öfter, wird der Verlust, der uns betrübt, uns zwingen, die Befriedigung unserer enttäuschten Wünsche in einem weniger materiellen* Bereich zu suchen, dem Rost und Motten nichts anhaben. Die Geschichte der Heiligen oder allgemeiner die Geschichte aller Persönlichkeiten, die an Geist* oder Güte des Herzens hervorragten, ist voll von solchen Beispielen. Der Mensch geht gewachsen, gestählt und erneuert aus einer Prüfung oder selbst aus einem Zusammenbruch hervor, der ihn anscheinend für immer hätte mindern und niederschmettern müssen. Der Mißerfolg spielt also für uns dieselbe Rolle wie das Höhensteuer für das Flugzeug oder, wenn man lieber will, wie die Baumschere für die Pflanze. Der Mißerfolg lenkt unseren innern Schwung auf ein bestimmtes Ziel, er legt die reinsten Komponenten unseres Seins frei, indem er uns höher und gerader aufsteigen läßt. Der Verlust, sogar der moralische, verwandelt sich so in einen Erfolg, der, selbst wenn er noch so geistig ist, in der tatsächlichen Erfahrung empfunden wird. Angesichts des heiligen Augustinus, der heiligen Magdalena oder der heiligen Lidwina zaudert kein Mensch, zu denken: *»Felix dolor«* oder *»Felix culpa«* [»Glücklicher Schmerz« oder »Glückliche Schuld«]. Bis zu diesem Punkte können wir also die Vorsehung immer noch ›verstehen‹.

Doch es gibt schwierigere Fälle – und das sind ausgerechnet die alltäglichsten –, wo unsere Weisheit völlig am Ende ist. Jeden Augenblick beobachten wir in uns oder um uns Minderungen, die offensichtlich durch keinen Vorteil auf irgendeiner wahrnehmbaren Ebene aufgewogen werden: frühzeitiger Tod, sinnlose Unglücksfälle und Schwächungen in den höchsten Schichten unseres Seins. Unter diesen Schlägen erhebt sich der Mensch nach keiner wertvollen Richtung mehr, sondern stirbt oder bleibt hoffnungslos geschwächt. Solche Minderungen ohne Entgelt bedeuten den Tod in seiner reinen Tödlichkeit. Wie sollen sie sich für uns in ein Gut verwandeln?

Aus: Der göttliche Bereich. Tientsin, 1926–1927 (4, S. 87f.).

14 Der Tod ist beauftragt

Der Tod ist das Urbild und die Zusammenfassung aller Minderungen, gegen die wir kämpfen müssen, ohne von diesem Kampf einen persönlichen und unmittelbaren Sieg erwarten zu dürfen. Das ist ja in christlicher Schau gerade der große Triumph des Schöpfers und des Erlösers, daß sie eine an sich allumfassende Macht des Minderns und des Auslöschens in eine wesentliche Triebfeder der Belebung verwandelt haben. Gott muß, um endgültig in uns einzudringen, uns auf irgendeine Weise aushöhlen und entleeren und so für sich selbst Platz schaffen. Er muß, um uns sich anzugleichen, uns immer wieder in die Hand nehmen, uns umschmelzen und die Moleküle unseres Seins aufbrechen. Der Tod ist beauftragt, diese ersehnte Aufschließung bis auf den Grund unseres Selbst durchzuführen. Er wird an uns die erwartete Trennung vollziehen. Er wird uns in jenen Zustand versetzen, der organisch unerläßlich ist, damit das göttliche Feuer sich auf uns senke. Und so wird seine unheilvolle Macht – zu zersetzen und aufzulösen – sich dazu gedungen sehen, die erhabenste Tätigkeit des Lebens* zu vollziehen. Was seiner Natur nach leer war, eine Lücke bildete, Rückkehr zur Vielheit* bedeutete, kann in jedem menschlichen Leben Fülle und Einheit* in Gott werden.

Aus: Der göttliche Bereich. Tientsin, 1926–1927 (4, S. 89f.).

15 Vom Wert der menschlichen Mühsal

Ihrer Natur nach strebt die Krankheit dahin, bei denen, die sie befällt, den Eindruck zu erwecken, daß sie auf der Erde unnütz oder gar eine Last sind. Fast unvermeidlich muß es den Kranken scheinen, daß sie im großen Strom des Lebens, einfach weil sie kein Glück haben, von alldem ausgeschlossen sind, was arbeitet und sich bewegt: ihr Zustand scheint keinen Sinn zu haben; und er beschränkt sie, so möchte man sagen, auf das Nichtstun inmitten des universellen Tuns. [...]

Als erstes ist zu sagen, die Welt baut sich auf. Das ist die grundlegende Wahrheit, die zunächst begriffen werden muß – und so gründlich begriffen werden muß, daß sie eine habituelle und gewissermaßen natürliche Form unseres Denkens wird. Auf den ersten Blick könnte es uns scheinen, die Seienden und ihr Schicksal seien gewissermaßen nach dem Zufall oder zumindest willkürlich über die Oberfläche der Erde verteilt. Es fehlt nicht viel daran und wir dächten, jeder von uns hätte gleichgültig früher oder später hier oder dort glücklicher oder weniger begünstigt geboren werden können: als wenn das Universum* vom Anfang bis zum Ende seiner Geschichte in der Zeit und im Raum eine Art riesiges Blumenbeet bildete, dessen Blumen nach dem Willen des Gärtners untereinander austauschbar wären. Diese Vorstellung scheint nicht richtig. Je mehr man nachdenkt, indem man sich all dessen bedient, was uns die Wissenschaft, die Philosophie und die Religion, jede auf ihre Weise, lehren, um so mehr wird man gewahr, daß die Welt nicht einem Bündel künstlich nebeneinandergestellter Elemente, sondern eher irgendeinem organisierten System zu vergleichen ist, das von einer umfassenden Wachstumsbewegung beseelt wird, die ihm eigen ist. Im Laufe der Jahrhunderte scheint sich wirklich ein Gesamtplan um uns herum immer weiter zu verwirklichen. Im Universum ist etwas im Gange, steht ein Ergebnis auf dem Spiel, das wir mit nichts besser vergleichen können denn einer Schwangerschaft und einer Geburt: die Geburt der von den Seelen und dem, was letztere an Materie* mit sich fortreißen, gebildeten geistigen* Wirklichkeit. Mühsam durch das menschliche Tun hindurch und mit seiner Hilfe sammelt sich die neue Erde, kristallisiert sie sich heraus und läutert sie sich. Nein, wir sind nicht den Elementen eines Blumenstraußes vergleichbar, sondern den Blättern und den Blüten eines großen Baumes, auf dem alles zu seiner Zeit und an seinem Ort erscheint, nach dem Maß und dem Verlangen des Ganzen. [...]

Diese Konzeption einer Welt im Zustand des Wachstums könnte scharfsinnig, aber abstrakt erscheinen. Tatsächlich hat sie gewichtige und praktische Konsequenzen, denn sie erstrebt nichts weniger, als in unserem Geist die Vorstellung zu erneuern, die wir uns sowohl von dem Wert des menschlichen personalen* Bemühens (das um das ganze universelle Werk größer wird, mit dem es solidarisch ist) als auch (und das allein interessiert uns hier) von dem Wert der individuellen menschlichen Mühsal machen. Diesen letzten Punkt wollen wir etwas genauer erklären, indem wir den Vergleich vom Blumenstrauß und vom Baum wieder aufgreifen.

Bei einem Blumenstrauß würde man sich darüber wundern, unvollkommene, »leidende« Blumen zu finden, weil die Elemente eines nach dem andern gepflückt und künstlich zusammengestellt wurden. Bei einem Baum dagegen, der wider die inneren Zufälligkeiten seiner Entwicklung und die äußeren Zufälligkeiten der Wetterunbilden zu kämpfen hatte, sind die zerbrochenen Zweige, die zerfetzten Blätter, die vertrockneten, kränklichen oder verwelkten Blüten »an ihrem Ort«: sie sind der Ausdruck für die mehr oder weniger schwierigen Wachstumsbedingungen, denen der Stamm begegnete, der sie trägt.

In gleicher Weise hätten wir in einem Universum, in dem jedes Geschöpf ein kleines geschlossenes Ganzes bildete, das um seiner selbst willen gewollt und theoretisch willkürlich transponierbar wäre, einige Schwierigkeiten, vor unserem Geist das Vorhandensein von in ihren Möglichkeiten und ihrem Schwung schmerzlich aufgehaltenen Individuen zu rechtfertigen. Weshalb diese unbegründete Ungleichheit und diese unbegründeten Einschränkungen? ... Wenn dagegen die Welt wirklich ein gegenwärtig im Gange befindliches Werk der Eroberung darstellt – wenn wir wirklich durch unsere Geburt mitten in die Schlacht geworfen sind –, erahnen wir, daß es um des Gelingens des universellen Bemühens willen, zu dem wir zugleich die Mitarbeiter und der Einsatz sind, unvermeidlich ist, daß es die Mühsal gebe. Die Welt ist auf unserer Stufe, wie sie sich in der Erfahrung zeigt, ein unermeßliches Tasten*, ein unermeßliches Suchen, ein unermeßlicher Angriff: sie kann ihre Fortschritte* nur um den Preis vieler Mißerfolge und vieler Wunden erzielen. Die Leidenden, welcher Art ihre Leiden auch seien, sind der Ausdruck für diese herbe, aber edle Bedingtheit. Sie stellen keine nutzlosen oder geminderten Elemente dar. Sie zahlen lediglich für den Vormarsch und den Triumph aller. Sie sind auf dem Felde der Ehre Gefallene.

Aus: Die Bedeutung und der konstruktive Wert des Leidens. 1933 (6, S. 64–67).

IV »Unendlich nah und überall«
Der Aufstieg Gottes und die Religion der Evolution

Die Entwicklung der Sinnfrage seit Teilhards Tod 1955 hat diesem Voraus-Denker recht gegeben: Mit zunehmender Kompliziertheit der modernen Welt und dem moralischen Unvermögen der Menschheit, ihre Probleme ohne eine höhere Zielsetzung zu lösen, drängt sich die Frage nach dem Zusammenhang und dem Sinn des Ganzen auf.

Dem versuchen die traditionellen und neu entstehenden Religionen zu begegnen. Dabei wird deutlich, daß es nicht genügt, die alten Antworten zu geben. Die Welt der Gegenwart, erst recht die der Zukunft, braucht ein neues Gottesbild und eine neue Religion, die mit dem evolutiven Weltbild im Einklang stehen (Texte 16 und 17). Teilhard macht darauf aufmerksam, daß kein Widerspruch besteht zwischen dem christlichen Glauben an die Schöpfung durch Gott und der Annahme der Evolution. Man muß nur die Schöpfung begreifen als Gottes Tat, die bewirkt, daß die Dinge selbst wirken (Text 18). Gottes Wirksamkeit erfolgt dabei nicht von »außen«, sondern aus dem »Innern« der Geschöpfe. In dem Maße, als sie sich ihrem eigenen »Innen« und dem der anderen Geschöpfe öffnen, werden sie Gottes »inne« (Text 19). Von daher erledigt sich auch die Streitfrage, ob der Glaube an die Welt und der Glaube an Gott miteinander konkurrieren oder gar sich ausschließen (Text 20). Vielmehr bedeutet an Gott glauben in einer sich entwickelnden Welt, diese Entwicklung zu unterstützen und die Verantwortung für sie zu übernehmen (Text 21). Diese Glaubensüberzeugung entspricht dem zentralen christlichen Bekenntnis: Christus ist der Ausgangs- und Einigungspunkt des Universums. Das Christentum könnte, wenn es sich darauf besänne, die Religion der Zukunft werden (Text 22).

16 Die Notwendigkeit des Glaubens

Der Mensch unserer Zeit hat eine Periode großer Illusion durchquert, als er sich vorstellte, er habe, da er zu einer besseren Kenntnis seiner selbst und der Welt gelangt sei, die Religion nicht mehr nötig. Die Konsequenz der beiden großen modernen Entdeckungen von Raum und Zeit, die in dem Bewußtsein* der Evolution* kulminieren, ist zweifellos gewesen, zahlreiche Teilvorstellungen zu zerschlagen. Es mochte folglich (zumindest einen Augenblick lang) scheinen, von dem, was die Vergangenheit glaubte, bliebe nichts mehr stehen – und zwar so sehr, daß die Systeme sich vervielfacht haben, in denen das religiöse Faktum als ein an die Kindheit der Menschheit gefesseltes psychologisches Phänomen interpretiert wurde. Während es an den Ursprüngen der Zivilisation maximal war, mußte es schrittweise verblassen und den Platz positiveren Konstruktionen einräumen, aus denen Gott (vor allem ein personaler und transzendenter Gott) ausgeschlossen war. – Reiner Schein. In Wirklichkeit wird für den, der zu sehen weiß, der große Konflikt, aus dem wir heraustreten, in der Welt die Notwendigkeit des Glaubens nur bekräftigt haben. Da er zu einem höheren Grad der Meisterung seiner selbst gelangt ist, entdeckt der Geist* der Erde ein immer vitaleres Bedürfnis anzubeten: *aus der universellen* Evolution emergiert* Gott* in unser Bewußtsein größer und notwendiger denn je.

Aus: Der Geist der Erde. Pazifik, 9. März 1931 (6, S. 57f.).

17 Eine Religion der Menschheit und der Erde

Weil vor unseren Augen das Universum* dabei ist, sich als organisch in die Zukunft hineinragend zu erweisen – gerade um dessentwillen und deswegen müssen die ›Reserven des Glaubens‹ (das heißt die Quantität und die Qualität an verfügbarem, religiösem Sinn) beständig in unserer Welt ansteigen.

Und deswegen muß man sagen, die Ära (ich sage nicht, der Relig*ionen*, sondern) der Relig*ion*, weit davon entfernt, überholt zu sein, beginnt zweifellos gerade erst.

ALLERDINGS MIT DER AUFLAGE FÜR DIE GLÄUBIGEN, DIE NEUEN RELIGIÖSEN BEDÜRFNISSE DER ERDE EINZUGLIEDERN UND ZU RETTEN. [...]

Um uns herum sagt ein gewisser Pessimismus immer wieder, unsere Welt versinke im Atheismus. Müßte man nicht viel eher sagen, sie leide an *unbefriedigtem Theismus?* – Die Menschen, sagt ihr, wollen Gott nicht mehr. Seid ihr aber ganz sicher, daß das, was sie verwerfen, nicht einfach das Bild eines Gottes ist, der zu klein ist, um in uns dieses Interesse am Überleben und Super*-leben* zu nähren, auf das sich letzten Endes das Anbetungsbedürfnis zurückführen läßt?

Bisher haben die verschiedenen, noch in Mode befindlichen *Credos* [Glaubensbekenntnisse], weil sie in einer Zeit entstanden und gewachsen sind, in der die Probleme der kosmischen Totalisation* und Reifung *sich nicht stellten*, sich vor allem darum bemüht, jedem Menschen eine Linie *individuellen* Entkommens zu liefern. So universalistisch ihre Verheißungen und ihre Visionen des Jenseits auch waren, sie zogen, und aus gutem Grund, in keiner Weise ausdrücklich eine globale und gerichtete Transformation* des ganzen Lebens und Denkens in Betracht. – Doch verlangen wir nicht von ihnen, kraft dessen, was vorausgeht, daß sie eben gerade ein Ereignis dieser Größenordnung (ein Ereignis, das die Annäherung und die Erwartung eines Ultra*-Humanen voraussetzt) jetzt und für immer einschließen, weihen und beseelen?...

Nicht mehr nur eine Religion der Individuen und des Himmels, sondern eine Religion der Menschheit und der Erde: das erwarten wir als unentbehrlichen Sauerstoff in diesem Augenblick.

Wie aber kann man unter diesen Bedingungen übersehen, daß morgen nur die mystischen Strömungen fortbestehen können – und allein Aussicht haben (so wie es angemessen ist), die Spitze der allgemeinen Bewegung der planetaren Hominisation* zu übernehmen –, die durch eine Synthese des traditionellen Glaubens an das Oben mit dem neugeborenen Glauben unserer Generation an einen Ausweg nach vorn fähig sind, unserem »Seinsbedürfnis« eine Vollnahrung zu bereiten und anzubieten.

EINE AUSLESE UND EINE ALLGEMEINE KONVERGENZ* DER RELIGIONEN NACH UND GEMÄSS IHREM EVOLUTIVEN* REIZWERT, DAS IST ALSO, KURZ GESAGT, DAS GROSSE PHÄNOMEN, DESSEN AKTEURE UND ZEUGEN ZUGLEICH WIR DERZEIT WÄREN.

Aus: Die Lust am Leben. Paris, November 1950 (7, S. 118–120).

18 Am Göttlichen hängend

Daß bei vielen der Eindruck entsteht, in einem Universum* evolutiver* Struktur verflüchtige sich der christliche Gott, ist darin begründet, daß sie den Begriff der Schöpfung nicht genügend in sich selbst erneuert haben. Sie sind immer noch dabei, im Hinblick auf die göttlichen Epiphanien von ich weiß nicht welchen lokalisierten und greifbaren Einbrüchen zu träumen, ähnlich jenen, die mit dem Spiel der materiellen* und sekundären Ursachen einhergehen. [...]

Geschaffen sein heißt für das Universum, sich Gott gegenüber in dieser ›transzendentalen‹ Beziehung befinden, die es im Mark seines Seins selbst sekundär, teilhabend, am Göttlichen hängend sein läßt. Wir haben uns angewöhnt (trotz unseren wiederholten Aussagen, daß die Schöpfung kein Akt in der Zeit ist), diese Bedingtheit des ›teilhabenden‹ Seins mit der Existenz eines erfahrbaren

Nullpunktes in der Dauer zu verknüpfen, das heißt mit einem *feststellbaren* zeitlichen Beginn. Doch dieses angebliche Erfordernis der Orthodoxie erklärt sich lediglich durch eine unerlaubte Verunreinigung der phänomenalen Ebene durch die metaphysische. Überlegen wir einen Augenblick, und wir werden sehen, in seinem Wirken innerhalb der Welt macht es gerade das Eigentümliche des göttlichen Wirkens aus, daß es nicht hier oder dort gefaßt werden kann (außer bis zu einem gewissen Punkt in den mystischen Beziehungen von Geist* zu Geist), sondern sich überall in den getragenen, finalisierten und in gewisser Weise über*-beseelten Komplex des sekundären Wirkens ausgegossen findet.

Aus: Die Grundlagen und der Kern des Evolutionsgedankens. Golf von Bengalen, Christi Himmelfahrt 1926 (3, S. 196f.).

19 Auf den alle Wirklichkeiten zusammenlaufen

Gott enthüllt sich unserem Tasten* nur deshalb überall *als universaler Bereich*, weil Er *der letzte Punkt* ist, auf den alle Wirklichkeiten zusammenlaufen. Jedes Element der Welt, was es auch sein mag, besteht *hic et nunc* gleichsam in der Form eines Kegels, dessen Mantellinien – am Ende ihrer einzelnen Vervollkommnung und am Ende der allgemeinen Vervollkommnung der Welt, in der sie sich befinden – sich in Gott, als dem gemeinsamen Anziehungspunkt, verknüpfen. Demnach kann man keines der existierenden Geschöpfe in seiner Natur oder in seinem Handeln betrachten, ohne daß sich in seinem Innersten und Wirklichsten – wie die Sonne in den Splittern eines zerbrochenen Spiegels – dieselbe Wirklichkeit enthüllt, eine unter der Vielzahl, unfaßbar in der Nähe und geistig unter der Stofflichkeit. Kein Ding kann uns durch sein Innerstes* beeinflussen, ohne daß in ihm das universale

Feuer auf uns ausstrahlt. Keine Wirklichkeit kann durch unseren Geist[*], durch unser Herz oder durch unsere Hände im Wesen dessen, was sie an Wünschenswertem einschließt, erfaßt werden, ohne daß wir *gerade durch den Bau der Dinge* gezwungen wären, bis zur Urquelle ihrer Vollkommenheit zurückzugehen. Dieses Feuer, diese Quelle ist also überall. *Gerade weil* Gott unendlich tief und punktförmig ist, ist Er unendlich nah und überall verbreitet. *Gerade weil* Er der Mittelpunkt ist, erfüllt Er den ganzen Erdkreis. Im Gegensatz zu jenem trügerischen Überall-Sein, das die Materie[*] wegen ihrer äußersten Auflösung innezuhaben scheint, ist die göttliche Allgegenwart nur die Wirkung Seiner höchsten Geistigkeit.

Aus: Der göttliche Bereich. Tientsin, 1926–1927 (4, S. 128f.).

20 Gott und die Welt

Es macht in dem gegenwärtigen religiösen Konflikt nach aller Meinung das Dramatische der Situation aus, daß die beiden einander gegenüberstehenden Grundformen des Glaubens offensichtlich unvereinbar sind: hier ein christlicher Glaube, der zur Verachtung des Ultra[*]-Humanen und der Erde führt, und dort ein ›natürlicher‹ Glaube, der auf seinem Primat gründet. – Ist es aber wirklich so sicher, daß diese beiden Kräfte [...] sich einander so positiv ausschließen (das heißt, daß die eine so antifortschrittlich und die andere so atheistisch ist), wie man vorgibt – vor allem, wenn man sie in ihrem tiefen Wesen nimmt?

Ein wenig Überlegung und auch Psychologie genügt, um zu erkennen, daß das nicht der Fall ist.

Einerseits nämlich schließt der neo-humane Glaube an die Welt in eben dem Maße, wie er *Glaube* ist (das heißt Hingabe und Überantwortung für immer an ein Größeres als man selbst), notwendig ein Element der Anbetung ein, das heißt die Anerkennung irgendeines ›Göttlichen‹.[...]

Und andererseits hat der christliche Glaube [...] durch die bloße Tatsache, daß er im Begriff der Inkarnation wurzelt, den greifbaren Wert der Welt und der Materie* in seinen Lehrgebäuden immer eine große Bedeutung zugestanden. Eine vielleicht zu bescheidene und zu nebensächliche Bedeutung, scheint uns heute (aber war das nicht unvermeidlich?), in den Zeiten, wo der Mensch, da er sich einer im Gange befindlichen Genese des Universums* noch nicht bewußt geworden war, von den im Schoße der Erde noch eingeschlossenen geistigen* Möglichkeiten keine Ahnung haben konnte. Aber eine so innig an die Struktur selbst des Dogmas gebundene Bedeutung, daß sie nur wie eine lebendige Knospe ein Zeichen, einen Sonnenstrahl brauchte, um sich zu entwickeln. – Um das gut zu veranschaulichen, wollen wir hier ein einziges Beispiel betrachten, das aber alles zusammenfaßt. Aus Gewohnheit fahren wir fort, uns die Parusie (durch die sich das Reich Gottes auf Erden vollenden muß) als ein Ereignis rein katastrophenhafter Natur zu denken und vorzustellen, das heißt als ein Ereignis, das ohne eindeutigen Bezug auf irgendeinen bestimmten Zustand der Menschheit, also zu einem beliebigen Augenblick der Geschichte eintreten kann. Das ist ein Standpunkt. Weshalb aber soll man nicht in voller Übereinstimmung mit den neuen wissenschaftlichen Anschauungen über eine gegenwärtig in Anthropogenese* befindliche Menschheit lieber einräumen, daß der Funke der Parusie mit physischer und organischer Notwendigkeit nur zwischen dem Himmel und einer biologisch bis zu einem gewissen evolutiven* kritischen Punkt der kollektiven* Reifung gelangten Menschheit überspringen kann?

Ich sehe meinerseits abolut nicht ein, wie sich aus der Theologie und der Tradition für diese ›berichtigte‹ Betrachtungsweise die geringste ernsthafte Schwierigkeit ergeben könnte. Umgekehrt aber erscheint mir gewiß, daß allein durch die Wirkung einer so einfachen Berichtigung unserer ›eschatologischen‹ Sicht eine psychische Operation durchgeführt würde, deren Folgen unberechenbar sind. Wenn nämlich wirklich, damit das Reich Gottes komme (damit das Pleroma sich in seiner Fülle erschließe), es notwendig ist – als physisch notwendige Voraussetzung –, daß die menschliche Erde *zuvor* das natürliche Ziel ihres evolutiven Wachsens erreicht, – dann fällt letzten Endes die von dem Neo-Humanismus erahnte ultrahumane Vollendung der Evolution* konkret mit der von allen Christen erwarteten Krönung der Inkarnation zusammen. Die beiden Vektoren, (besser gesagt) die beiden Komponenten drehen sich, nähern sich einander, bis sie eine mögliche Resultante ergeben ... Das christliche Empor vereinigt sich (ohne darin zu versinken!, sondern indem es dieses ›übernaturalisiert‹) mit dem menschlichen Voran! Und gleichzeitig gewinnt der Glaube an Gott in eben dem Maße, wie er in seinem eigenen Saft den Saft des Glaubens an die Welt assimiliert und sublimiert, sein volles Verführungs- und Bekehrungsvermögen zurück!

Derzeit, sagte ich zu Beginn dieser Seiten, ist die Menschheit nicht erkaltet, sie sucht vielmehr nur mit allen ihren Kräften einen Gott, der in einem Verhältnis zu den neuen Unermeßlichkeiten eines Universums steht, dessen Sichtbarwerden den Maßstab unseres Anbetungsvermögens gesprengt hat. Und weil die totale Einheit*, von der sie träumt, ihr noch zugleich in zwei sich widersprechenden Richtungen (im Zenit und im Horizont) aufzuleuchten scheint, erleben wir, wie sich in ihr auf dramatische Weise ein ganzes Volk von ›geistlich Heimatlosen‹ verliert – Menschen, hin und hergerissen zwischen einem Marxismus, dessen entpersonalisierende* Wirkung sie empört, und einem Christentum, dessen menschliche Lauheit sie anekelt.

Enthülle sich dagegen, breche dagegen die Möglichkeit hervor (wie sie unter dem Druck der sich gegenüberstehenden Kräfte unausweichlich hervorzubrechen beginnt), *zugleich* und *zutiefst* das eine durch das andere, an Gott und an die Welt zu glauben; – und dann, dessen kann man gewiß sein, wird eine große Flamme alles entzünden: weil ein großer Glaube geboren (oder zumindest wiedergeboren) sein wird, der alle anderen Glaubensformen enthält und zusammenfaßt; und weil es unausweichlich der stärkste Glaube ist, der früher oder später die Erde besitzen wird.

Aus: Der Kern des Problems. Auvergne, 8. September 1949 (5, S. 351 bis 354).

21 Stützen der Evolution

Das Universum* hat heute für unsere Erfahrung eine neue Dimension gewonnen. Es ist nicht mehr der fertig angepflanzte Garten, in den die Phantasie des Schöpfers uns für eine gewisse Zeit ins Exil geschickt hat. Es ist zu dem großen, sich in Verwirklichung befindenden Werk geworden, das gerettet werden soll, indem wir uns retten. Wir erkennen uns als atomar verantwortliche Elemente einer Kosmogenese*. Was wird, werden sie in diesen neuen Raum übertragen, aus den christlichen sittlichen Normen? Wie müssen sie sich biegen, um sie selbst zu bleiben?

Wir können mit einem Wort antworten: »So, daß sie für Gott zu Stützen der Evolution* werden.« Bisher war der Christ in dem Eindruck erzogen worden, um Gott zu erreichen, müsse er alles fahrenlassen. Nunmehr entdeckt er, daß er sich nur durch das Universum hindurch und in seiner Weiterführung zu retten vermag. Der Evangelismus ließ sich zu einem gegebenen Zeitpunkt in der Formel der Epistel zusammenfassen: »Religio munda haec est: visitare pupillos et viduas, et immaculatum se custodire ab hoc saeculo.« [»Dies ist die reine Religion: die Waisen und die Witwen besuchen und sich vor jeglicher Befleckung der

Welt bewahren.«] Diese Zeit ist endgültig vorbei. Oder genauer, der heilige Jakobus ist mit der sittlichen Tiefe zu interpretieren, die ihm unsere neuen Horizonte verleihen.

Anbeten hieß früher, Gott den Dingen vorziehen, indem man sie mit ihm verglich und indem man sie ihm opferte. Anbeten heißt jetzt, sich mit Leib und Seele dem Schöpferakt weihen, indem man sich mit ihm verbindet, um die Welt durch Anstrengung und Forschung zu vollenden.

Den Nächsten lieben hieß früher, ihm kein Unrecht tun und seine Wunden verbinden. Die Liebe wird sich in Zukunft, ohne deshalb aufzuhören, mitleidend zu sein, in einem für den gemeinsamen Fortschritt* hingegebenen Leben* vollenden.

Rein sein hieß früher hauptsächlich, sich enthalten, sich vor Flecken bewahren. Keuschheit wird morgen vor allem die Sublimation der Kräfte des Fleisches und jeder Leidenschaft heißen.

Losgelöst sein, Entsagung, hieß früher, sich für die Dinge nicht interessieren und nur so wenig wie möglich von ihnen zu nehmen. Losgelöst sein wird in Zukunft immer mehr heißen, nacheinander jegliche Wahrheit und jegliche Schönheit gerade durch die Kraft der Liebe, die man ihnen entgegenbringt, zu übersteigen. Ergebenheit konnte früher die passive Annahme der gegenwärtigen Bedingungen des Universums heißen. Ergebenheit wird in Zukunft nur noch dem in den Armen des Engels zusammenbrechenden Kämpfer erlaubt sein. [....]

Früher schien es für den Menschen nur zwei geometrisch mögliche Haltungen zu geben: den Himmel lieben oder die Erde lieben. Nunmehr zeigt sich in diesem neuen Raum ein dritter Weg: zum Himmel *durch* die Erde *hindurch* gehen. Es gibt eine (die wahre) Kommunion mit Gott durch die Welt. Und sich ihr hingeben heißt nicht, die unmögliche Geste zu tun, zwei Herren zu dienen.

Ein solches Christentum ist noch wirklich der wahre Evangelismus, weil es dieselbe Kraft darstellt, darauf verwandt, die Menschheit in einer gemeinsamen Liebe über das Greifbare zu erheben.

Zur gleichen Zeit hat aber dieser Evangelismus nichts mehr von dem Geruch des Opiums an sich, das man uns voller Bitterkeit (und mit einem gewissen Recht) über die Menge auszugießen vorwirft. Er ist nicht einmal mehr einfach das lindernde Öl, das über die Wunde und in die leidenden Räderwerke der Menschheit ausgegossen wird.

Er zeigt sich in Wirklichkeit als der Beseeler des menschlichen Tuns, dem er das scharf umrissene Ideal eines göttlichen, historisch kurz sichtbar gewordenen Antlitzes bringt, in dem die wertvollsten Essenzen des Universums sich konzentrieren und gerettet werden.

Er antwortet genau auf die Besorgnisse und das Streben eines plötzlich zum Bewußtsein* seiner Zukunft erwachten Zeitalters.

Er, er allein, zeigt sich, soweit wir es zu beurteilen vermögen, fähig, in der Welt die grundlegende Lust am Leben zu rechtfertigen und aufrechtzuerhalten.

Er ist die eigentliche Religion der Evolution.

Aus: Christologie und Evolution. Tientsin, Weihnachten 1933 (10, S. 112–114).

22 Prinzip universeller Lebenskraft

Die Welt schaffen, vollenden und entsühnen, so lesen wir bereits bei Paulus und Johannes, ist für Gott die Einigung* der Welt in einer organischen Vereinigung mit sich selbst. Auf welche Weise eint er sie? Indem er zu einem gewissen Teil in die Dinge eintaucht, indem er sich zum »Element« macht, und indem er dann, kraft des im Herzen der Materie* gefundenen Stützpunktes, die Führung und den Plan dessen übernimmt, was wir heute Evolution* nennen. Als Prinzip universeller Lebenskraft hat Christus, indem er als Mensch unter Menschen erstanden ist, seine Stellung eingenommen, und er ist seit je dabei, den allgemeinen Aufstieg des Bewußtseins*, in den er sich hineingestellt hat, unter sich zu beugen, zu reinigen, zu leiten und aufs höchste zu beseelen. Durch eine immerwährende Aktion von Kommunion und Sublimation sammelt er die gesamte Seelenkraft der Erde in sich. Und wenn er so alles versammelt und alles umgeformt hat, wird seine letzte Tat die Rückkehr zu dem göttlichen Herd sein, den er nie verlassen hat, und er wird sich mit dem von ihm Errungenen wieder auf sich selbst zurückziehen. Und dann, sagt uns der heilige Paulus, »wird es nur Gott geben, alles in allen«. Wahrlich eine höhere Form des »Pantheismus«, ohne den vergiftenden Zug einer Vermanschung oder Zunichtemachung. Erwartung einer vollkommenen Einheit, in der jedes Element, das mithineingetaucht ist, zugleich mit dem Universum* seine Vollendung finden wird.

Das Universum vollendet sich in einer Synthese der Zentren, in vollkommener Übereinstimmung mit den Gesetzen der Vereinigung. Gott, Zentrum* der Zentren. In dieser endgültigen Schau gipfelt das christliche Dogma. – Das trifft so genau den Punkt Omega*, daß ich gewiß niemals gewagt hätte, auf rationale Weise die Hypothese von Omega ins Auge zu fassen und zu formulieren, wenn ich nicht in meinem gläubigen Bewußtsein sein ideelles Bild vorgefunden hätte, ja noch mehr: seine lebendige Wirklichkeit.

Aus: Der Mensch im Kosmos. Peking, 1938–1940 (1, S. 305).

24 Ein guter Arbeiter der Erde

Die Arbeit bildet schon von Natur aus ein vielfältiges Mittel zur Loslösung für alle, die sich ihr ohne Auflehnung und in Treue hingeben. Sie erfordert vorerst Anstrengung und einen Sieg über die Trägheit. So interessant und geistig* die Arbeit auch sein mag, man könnte sogar sagen, je geistiger sie ist, desto mehr bedeutet sie ein schmerzhaftes Gebären. Der Mensch entrinnt zwar durch sie der schrecklichen Langeweile einer eintönigen und alltäglichen Beschäftigung, tauscht dagegen aber die Ängste und inneren Spannungen des ›Schaffens‹ ein. Materielle* Kraft, Wahrheit oder Schönheit hervorzubringen oder sie zu ordnen, bedeutet eine innere Qual, die jedem, der sich daran wagt, das friedliche und zurückgezogene Leben* raubt, in dem eigentlich das Laster des Egoismus und der Verhaftung wurzelt. Schon um ein guter Arbeiter der Erde zu werden, muß der Mensch Ruhe und Frieden opfern. Er muß aber auch immer wieder die frühern Gebilde seines Fleißes, seiner Kunst, seines Denkens aufgeben, um bessere zu finden. Jedes Verweilen, um zu genießen und zu besitzen, wäre ein Verstoß gegen das menschliche Handeln. Immer und immer wieder muß der Mensch sich selbst überholen und sich sich selbst entreißen. Immerfort muß er die geliebtesten Entwürfe hinter sich lassen. – Doch auf dieser Straße, die vom königlichen Weg des Kreuzes gar nicht so verschieden ist, wie es zunächst scheinen mag, bedeutet Loslösung nicht bloß, einen Gegenstand fortwährend durch einen andern derselben Ordnung zu ersetzen, wie sich auf einer ebenen Straße Kilometer auf Kilometer folgen. Dank der wunderbar aufsteigenden Kraft, die in den Dingen verborgen liegt [...], drängt uns jede erreichte und überholte Wirklichkeit voran, ein Ideal von noch höherem geistigen Gehalt zu entdecken und zu verfolgen. Wer sein Segel richtig in den Atem der Erde spannt, der fängt eine kräftige Brise ein, die ihn zwingt, immer weiter auf die hohe See hinauszufahren. Je edler das Wünschen und Handeln des Menschen ist, um so sehnsüchtiger verlangt er, großen und erhabenen Gegenständen nachzujagen. Seine Familie, sein Land, die einträgliche Seite seines Handelns allein werden ihm bald nicht mehr genügen. Er wird allgemeine Organisationen schaffen, neue Wege bahnen, Bestrebungen unterstützen, Wahrheiten entdecken, ein Ideal nähren und verteidigen müssen. – So gehört der Arbeiter der Erde allmählich nicht mehr sich selbst. Nach und nach hat ihn der große Atem des Universums*, der durch den Spalt eines bescheidenen, aber treuen Handelns in ihn eingedrungen ist, weit gemacht, ihn aufgehoben und mit sich fortgetragen.

Aus: Der göttliche Bereich. Tientsin 1926–1927 (4, S. 60f.).

25 Die Moral der Bewegung

Die Moral ist weitgehend als eine empirische Verteidigung des Individuums und der Gesellschaft entstanden. Sobald intelligente Wesen begannen, miteinander in Berührung zu kommen, und es folglich zu Reibungen kam, haben sie das Bedürfnis verspürt, sich gegen ihre wechselseitige Beeinträchtigung zu schützen. Und sobald sich eine Organisation fand, die auf Grund des Brauchs in etwa jedem gewährleistete, was ihm schuldig war, hat dieses System selbst die Notwendigkeit erfahren, sich gegen Änderungen abzusichern, die die anerkannten Lösungen in Frage stellen und die errichtete gesellschaftliche Ordnung stören könnten. Die Moral ist bisher hauptsächlich als ein festes System von Rechten und Pflichten begriffen worden, das darauf absah, zwischen Individuen ein statisches Gleichgewicht herzustellen, und sich darum bemühte, letzteres durch eine *Begrenzung* der Energien*, das heißt der Kraft, aufrechtzuerhalten.

Diese Konzeption beruhte letzten Endes auf der Vorstellung, jeder Mensch stelle in der Welt eine Art absolutes Endglied dar, dessen Existenz gegen alle äußeren Einbrüche geschützt werden müsse. Sie wird von unten bis oben transformiert*, wenn man anerkennt, wie wir es getan haben, daß der Mensch auf Erden nur ein Element ist, dem es bestimmt ist, sich kosmisch in einem in Bildung begriffenen höheren Bewußtsein* zu vollenden. Damit wird der Moral nicht mehr das Problem gestellt, das Individuum zu bewahren und zu beschützen – sondern es so gut in der Richtung seiner erwarteten Vollendung zu lenken, daß die in der Menschheit noch diffuse »Quantität des Personalen*« sich in Fülle und Sicherheit herauslöst. Der Moralist war bisher ein Jurist oder ein »Gleichgewichtskünstler«. Er wird zum Techniker und Ingenieur der geistigen Energien der Welt. Die höchste Moral ist in Zukunft jene, die am besten das natürliche Phänomen bis an seine oberen Grenzen zu entwickeln versteht. Nicht mehr schützen – sondern durch Wecken und Konvergenz die individuellen Reichtümer der Erde entwickeln.

Wir wollen in einigen kurzen Strichen die Physiognomie dieser Moral der Bewegung skizzieren. Ihrer Struktur nach definieren drei Prinzipien in ihr den Wert des menschlichen Tuns:

a) Letzten Endes ist *nur* gut, was zum Wachstum des Geistes auf der Erde beiträgt.
b) Gut ist (zumindest grundlegend und teilweise) *alles, was* auf der Erde einen geistigen Zuwachs verschafft.
c) Schließlich ist *das Beste*, was den geistigen Kräften der Erde ihre höchste Entwicklung gewährleistet.

Es ist klar, daß diese drei Regeln in entscheidender Weise die Vorstellung modifizieren und ergänzen, die wir uns vom Guten und der Vollkommenheit machen.

Kraft der ersten Regel erweisen sich viele Dinge, die in der Gleichgewichtsmoral erlaubt schienen, als von der Moral der Bewegung verboten. Sofern er dem anderen weder die Frau noch die Güter wegnahm, konnte der

Mensch sich befugt glauben, den Teil Leben*, der ihm gehörte, zu nutzen, wie es ihm gut schien, oder schlafen zu lassen. Nunmehr erahnen wir, daß kein Versprechen und kein Brauch legitim sind, wenn sie nicht dahin tendieren, die Macht, die sie innehaben, *in Dienst zu stellen.* – Die Moral des Geldes war von der Vorstellung des Tausches und der Gerechtigkeit beherrscht worden: soviel – soviel. Die Höhe einer Flüssigkeit in kommunizierenden Gefäßen. Nunmehr muß sie der Idee von der in Bewegung befindlichen Energie gehorchen: der Reichtum wird nur *gut* in dem Maße, wie er in Richtung des Geistes *arbeitet.* – Die Moral der Liebe, des weiteren, war befriedigt durch die materielle* Gründung einer Familie, die Liebe selbst wurde als eine sekundäre, der Fortpflanzung untergeordnete Anziehung angesehen. Sie muß nunmehr als ihr grundlegendes Ziel ansehen, eben dieser Liebe die unberechenbare geistige Kraft wiederzugeben, die sie zwischen den Gatten zu entwickeln fähig ist. – Die Moral des Individuums schließlich war hauptsächlich darauf hingeordnet, es daran zu hindern, Schaden zu stiften. Sie wird ihm von nun an jede neutrale und »inoffensive« Existenz verbieten und es zu dem Bemühen verpflichten, seine Autonomie und seine Personalität bis ans Ende freizusetzen.

Kraft der zweiten Regel werden korrelativ dazu viele Dinge, die von der Gleichgewichtsmoral verboten schienen, in der Moral der Bewegung virtuell erlaubt oder sogar verpflichtend. Gerade weil sie sich mit einer Ordnung zufriedengab, sobald diese Ordnung die menschlichen Räderwerke daran hinderte, heißzulaufen und zu knirschen, hat die Gleichgewichtsmoral sich nicht darüber beunruhigt, ob sie geistige Möglichkeiten außerhalb der Rahmen ließ, die sie konstruiert hatte. Da sie für sie keinen einfachen Platz oder keine einfache Rechtfertigung fand, ließ sie aus Zaghaftigkeit oder Sicherheitsbedürfnis in allen Bereichen eine Welt von Energien verlorengehen. In einer Moral der Bewegung wird alles, was eine aufsteigende

Kraft des Bewußtseins in sich birgt, deswegen und in diesen Grenzen als grundlegend gut anerkannt: es handelt sich lediglich darum, durch Analyse diese Gutheit zu isolieren und sie durch Sublimation herauszulösen.

Und so entdecken wir *kraft der dritten Regel* den neuen Begriff einer *Moralisation*, worunter die unendlich weiter geführte Entdeckung und Eroberung der beseelten Kräfte der Erde zu verstehen ist. Der Moral des Gleichgewichts (»geschlossene Moral«) konnte die sittliche Welt als ein endgültig umschriebener Bereich erscheinen. Der Moral der Bewegung (»offene Moral«) stellt sich diese selbe Welt als eine höhere Sphäre des Universums* dar, die an unbekannten Kräften und ungeahnten Kombinationen viel reicher ist als die niederen Sphären der Materie. Auf den geheimnisvollen Ozean der zu erforschenden und zu vermenschlichenden sittlichen Energien werden sich die wagemutigsten Seefahrer von morgen hinauswagen. Alles versuchen und alles bis ans Ende in Richtung des größeren Bewußtseins vorantreiben, das ist in einem als im Zustand der geistigen Transformation* befindlich erkannten Universum das allgemeine und höchste Gesetz der Sittlichkeit: *die Kraft eingrenzen* (es sei denn, um eben dadurch noch mehr Kraft zu erhalten), *das ist die Sünde.*

Diese Anschauungen können jenen toll erscheinen, die nicht sehen, daß das Leben seit seinen Ursprüngen Abtasten*, Abenteuer und Gefahr ist. Sie wachsen jedoch wie eine unwiderstehliche Idee am Horizont der neuen Generationen empor. Ihnen gehört die Zukunft – jedoch unter einer Bedingung: daß nämlich mit derselben Geschwindigkeit wie sie am Himmel der Zukunft, um sie zu erhellen, ein explizites Zentrum* der Anziehung und Erleuchtung aufsteigt.

Aus: Das geistige Phänomen. Pazifik, März 1937 (6, S. 142–145).

Es gibt keine Moral ohne Ideal. Wie könnten die Völker der Erde dahin gelangen, zu harmonisieren, wenn sie sich nicht zuvor darüber verständigen, was sie zusammen zu tun haben? Und wie fänden sie den Mut und den Schwung, ihre einmal erkannte Aufgabe zu verwirklichen, wenn ihre Ausführung keinerlei Reiz auf sie ausübte? Ob man es will oder nicht, auf dem Boden der kollektiven Entitäten, ebenso wie im Bereich der Individuen, ist die stoische Regel: »Was du nicht willst, das man dir tu', das füg' auch keinem andern zu«, nicht mehr ausreichend. Diese negative Regel, die vielleicht wirksam genug ist, um ein Knirschen der menschlichen Räderwerke zu verhindern, leistet nichts, um den Motor in Gang zu setzen oder um ihn zu lenken. Sie könnte gültig sein, um in irgendeinem statischen Universum* Frieden zu schaffen. Doch in unseren Augen gibt es nunmehr in der Welt nur mehr in Bewegung befindliche Gleichgewichtszustände. Zwischen Rassen und Nationen kann sich die Ordnung nur innerhalb eines Elans* herausbilden. Und hier zeigt sich der Vorteil der Anschauungen, die wir vortragen.

Ein erster Vorteil, der sich aus unserer Lösung ergibt, wenn man sie annimmt, besteht darin, daß nichts dagegen einzuwenden ist, anzuerkennen, daß die Menschheit, in ihrer konkreten Natur genommen, wirklich aus verschiedenen Zweigen zusammengesetzt ist. Es gibt Rassen, jedoch ohne daß es deswegen – theoretisch – einen Antagonismus und ein Problem der Rassen gäbe. Um dem Problem auszuweichen und in allen ›die Menschenwürde‹ zu retten, glauben sich gewisse Leute verpflichtet, die offenkundigen Unterschiede zu leugnen, die die ethnischen Einheiten der Erde voneinander trennen. Sie leugnen? Aber weshalb denn? Sind die Kinder ein und derselben Familie alle gleich stark oder intelligent? Gleich sind die Völker dem biologischen Wert nach, sofern sie ›Denkphyla‹ sind, dazu bestimmt, sich progressiv in irgendeine endgültige Einheit* zu integrieren*, die die einzige wahre Menschheit darstellt. Doch sind sie noch keineswegs gleich auf Grund der Totalität* ihrer physischen Gaben und ihres Geistes*. Und verleiht nicht gerade diese Mannigfaltigkeit jedem seinen Wert? Der eine hat dieses, der andere jenes. Weshalb und wieso könnte man andernfalls von einer Synthese aller sprechen? Hüten wir uns, aus Ideologie oder Sentimentalität in Rassenfragen den Irrtum des Feminismus oder der Demokratien in ihrem Anfang zu wiederholen. Die Frau ist kein Mann: und gerade deswegen kann der Mann auf die Frau nicht verzichten. Der Mechaniker ist kein Athlet, noch ein Maler, noch ein Bankier: und dank dieser Mannigfaltigkeit funktioniert der nationale Organismus. Ebenso ist der Chinese kein Franzose und letzterer kein Kaffer oder Japaner. Und das zum großen Glück für den Gesamtreichtum und die Zukunft des Menschen. Diese Ungleichheiten, die man manchmal wider alle Evidenz zu leugnen sucht, können so lange verletzend erscheinen, wie die Elemente statisch und isoliert betrachtet werden. Sie werden annehmbar, ehrenwert und sogar liebenswert, wenn man sie unter dem Gesichtspunkt *ihrer wesentlichen Komplementarität* betrachtet. Wird das Auge der Hand sagen, es verachte sie? oder das Rot, es wolle weder Grün noch Blau auf demselben Bild?

Ist diese funktionelle Mannigfaltigkeit der menschlichen Zweige einmal anerkannt, folgt unmittelbar zweierlei. Erstens, daß jeder dieser Zweige die Pflicht hat, nicht weiß Gott welche undefinierbare ursprüngliche Reinheit zu bewahren oder in der Vergangenheit wiederzufinden, sondern sich auf der seinen eigenen Qualitäten und seinem eigenen Genie entsprechenden Linie weiter nach vorn zu vollenden. Und zweitens, daß er in diesem Bemühen um kollektive Personalisation* bei allen Nachbarzweigen eine um so aufmerksamere Unterstützung finden muß, als letztere das Glück haben, kraftvoller zu sein. Als Paläontologe kann ich mir keine Illusionen über die Tatsache und die unerbittlichen Formen der biologischen Konkurrenz machen. Doch in dieser selben Eigenschaft weigere ich mich absolut, die mechanischen Gesetze der Auslese brutal in den menschlichen Bereich zu übertragen. Denn wenn die Natur uns deutlich lehrt, daß es einen universellen Kampf ums Leben* gibt, so bringt sie uns nicht weniger kategorisch bei, daß die Lebenseigentümlichkeiten beim Übergang von einer Existenzstufe zur anderen nur fortbestehen, indem sie transformiert* oder transponiert werden. Die wechselseitige Ausbeutung und das gegenseitige Ersticken können zwischen infrahumanen Gruppen die Regel sein, weil diese sich beständig ersetzen und untereinander divergieren. Im Falle des menschlichen Bündels dagegen muß, wenn letzteres in Übereinstimmung mit unserer Hypothese nur mehr konvergierend* fortschreitet, der brüderliche Wetteifer von innen her an die Stelle der feindlichen Konkurrenz treten, und der Krieg hat nur mehr einen Sinn in bezug auf Gefahren oder Eroberungen außerhalb des Ganzen der Menschheit.

Entwicklung eines jeden in einer Sympathie* aller. Nuancierte Organisation der geistigen Energien, die an die Stelle des mechanischen Gleichgewichts der materiellen* Kräfte tritt. Das Gesetz des Teams ersetzt das Gesetz des Dschungels. Wir sind noch weit davon entfernt, diese heikle, aber vitale Transformation auf der Stufe der Individuen vollzogen zu haben. Ist das ein Grund, nicht darauf zu hoffen, sie werde sich schließlich zwischen Nationen verwirklichen? Oder zumindest, um nicht zu erkennen, daß es außerhalb dieses Ideals keinen sich vor den künftigen Entwicklungen des Geistes auf Erden auftuenden biologischen Ausweg gibt?

Aus: Die natürlichen menschlichen Einheiten. ›Etudes‹, 5. Juli 1939 (3, S. 309–312).

VI »Immer mehr suchen müssen« Die Krise der Wissenschaften und des Fortschritts

Teilhard hat in seiner Jugend- und Studienzeit noch den Fortschrittsglauben seiner Väter miterlebt und geteilt. Dieser wurde dann erstmals durch den Ersten Weltkrieg erschüttert. Es war der naive Glaube an Wissenschaft und Technik, der nicht die enormen Zeiträume einkalkuliert hatte, die jeder Fortschritt im Rahmen der Evolutionsgeschichte beansprucht. Auch erwartete man von den Wissenschaften, was sie, wie wir heute wissen, nicht leisten können: die Materie, das Leben und den Geist restlos zu erklären (Text 27).

Trotzdem gibt es auf die Dauer keine Weiterexistenz der Menschheit, wenn sie die Lust am Leben verliert. Diese kann nur erhalten und vermehrt werden durch eine überzeugende Perspektive für die Zukunft (Text 28). Stagniert die Entwicklung der Welt, die ihre jetzige Gestalt unbestreitbar einer unmerklichen, unaufhaltsamen und gerichteten Bewegung verdankt? Hat sich die Evolution im Menschen erschöpft (Text 29)? Im physischen Bereich vielleicht, nicht jedoch in dem des Geistes und der von ihm zu steuernden sozialen Organisation der Menschheit (Text 30). Dieser Fortschritt erfordert eine neue Art menschlichen Wissens und Gewissens und eine enorme Anstrengung aller Menschen. Es ist ein Fortschritt vor allem moralischer Art (Text 31, vgl. Kapitel V).

Schon 1930 widerlegt Teilhard den Einwand, der auch heute noch erhoben wird: Das Entropie-Gesetz über den zunehmenden Ausgleich aller Energieunterschiede bis hin zum Kältetod des Universums verurteile jede Anstrengung für den Fortschritt letztlich zur Ergebnislosigkeit. Dieses Gesetz gilt jedoch nur für geschlossene physikalische Systeme. Die Phänomene des Lebens, erst recht die Aktivitäten des Geistes zeigen die gegenläufige Tendenz: die Ent-

wicklung immer komplizierterer Energiezentren (Text 32). Eine Gefahr für die nun im Bereich der menschlichen Sozialisation sich fortsetzende Evolution liegt weniger in einer Stagnation menschlicher Produktion als vielmehr in einer sich verselbständigenden Überproduktion (Text 33).

Die Aktualität dieser Texte aus den Jahren 1920 bis 1950 ist erstaunlich.

27 Sollten wir uns getäuscht haben?

Wenn es den Menschen des letzten Jahrhunderts erhebend erschienen war, die neuen Horizonte des Universums* zu betrachten, und wenn es ihnen so einfach erschien, dorthin voranzuschreiten, so zeichnen sich in der Welt von heute entschieden gegenteilige Eindrücke ab. Es ist bei vielen Zeitgenossen Mode geworden, den Wert und die Möglichkeiten der Wissenschaft zu kritisieren und herabzusetzen. Man lächelt gerne über den religiösen Enthusiasmus, den unsere Väter naiv für den Fortschritt* bekundeten. Oder aber, wenn man ihn noch teilt, hält man es für angemessen, ihn zu verheimlichen, um nicht zu den »dogmatischen Dummköpfen« gerechnet zu werden.

Woher kommt dieser Umschlag? Und wie muß man ihn beurteilen?

Der Mißkredit, in den der Glaube an den Fortschritt so rasch (im Laufe eines halben Jahrhunderts!) geraten ist, erklärt sich teilweise aus der üblichen Illusion, die alle entstehenden Bewegungen glauben läßt, das ideale Objekt, dessen Auftreten sie anzieht, finde sich in Reichweite der Hände, sei im Zeitraum einer Generation greifbar. Weil die wirkliche Entfernung des Ziels sich im Versuch zeigt, wundert man sich und redet von einer Fata Morgana. Doch im Falle der Religion der Wissenschaft wurde dieser Irrtum der Ferne noch kompliziert durch den weit gefährlicheren Fehler in der Perspektive, der, wie wir oben sagten, ihre ersten Gläubigen der aufgehenden Sonne den Rücken zukehren ließ. Das 19. Jahrhundert hatte seinen Glauben auf die Materie* gesetzt. Doch in drei Hauptrichtungen: in der Physik, in der Biologie und in der Soziologie, stellten wir, je weiter wir vordrangen, fest, daß sich die Materie uns entzog.

Zunächst zeigte sich auf dem grundlegenden Boden der Physik das wachsende Unvermögen der Analyse, einen letzten, definierbaren Endpunkt der kosmischen Substanz zu finden. Unter dem Einfluß der radioaktiven Kräfte zerfielen die Atome selbst. Eine neue Stufe wurde so unterhalb des Winzigen sichtbar, sie öffnete sich selbst auf Bereiche, in denen der Determinismus* jede mathematische Bedeutung zu verlieren scheint. Die Masse und die Zeit, diese beiden Pfeiler der positivistischen Wissenschaft, sahen sich auf ein und denselben Schlag ihres absoluten Wertes beraubt. Der bis in die engste Textur verfolgte kosmische Stoff löste sich in einen Nebel auf, in dem die Vernunft gewissermaßen in dem Rückstand der Phänomene nur mehr eben die Formen erfaßte, die sie selbst ihnen aufgezwungen hatte. Letzten Endes fand die Intelligenz sich mit ihrem eigenen Widerschein von Angesicht zu Angesicht. Zwischen den Fingern des Materialismus zerrann das untere »große Beständige« ...

In dem noch kritischeren Bereich der Biologie zeigte sich das Scheitern des Mechanismus, von den Entwicklungen des Lebens* Rechenschaft zu geben. Daß sich die tierischen Reihen der modernen Paläontologie als komplizierter und tiefer offenbarten, als man ursprünglich geglaubt hatte, war an sich, was immer man auch gesagt haben mag, bedeutungslos. Ernst war vielmehr, daß diese Reihen sich weder in der Verteilung ihrer Gesamtheit noch in der Zeichnung ihrer Fasern noch in der Struktur ihrer Elemente als durch einen einfachen Wettstreit der Formen oder das einfache Zusammenspiel physikalisch-chemischer Gleichgewichte erklärbar erwiesen. Man mußte sich der Evidenz stellen. Auf der gesamten Front der biologischen Disziplinen weigerte sich nach einem Jahrhundert des Angriffs die lebende Materie, die methodisch in ihre historischen, chemischen, energetischen Elemente zerlegt worden war, sich auf diese Komponenten *allein* zurückführen zu lassen. Hier wie in der Physik geriet die Wissenschaft in eine Sackgasse; oder genauer, sie begegnete in Richtung der Materie der Leere.

Und die Enttäuschung war noch schmerzvoller im Bereich der sozialen Organisation. Die Wissenschaft, so hatte man gehofft und verkündigt, würde den Menschen versittlichen, indem sie ihn glücklich machte. Genügt es nicht, das Geheimnis des Leibes zu kennen, um zu heilen und zu beseligen? Wenn man verstünde, die Güter der Erde wirtschaftlich zu produzieren und gleichmäßig zu verteilen, wäre das dann nicht die Ankunft dessen, was die Religion früher das Reich Gottes genannt hatte? ... Und wir wissen, was geschehen ist. Bereits kurz nach 1848 bekannte Renan, von einem ersten Scheitern der humanitären Theorien aus der Fassung gebracht, öffentlich, daß »die Bestimmung des Menschen dunkler geworden sei als je zuvor«. Was würden wir heute sagen? In der Physik und der Biologie wird eine Niederlage durch die Mauern der Laboratorien gedämpft. Wenn das Scheitern durch Blut im Schlamm seinen Ausdruck findet, überkommen Unruhe und Zweifel die menschliche Masse. Sollten wir uns, da wir uns als die arbeitsamen Elemente eines vervollkommbaren Universums vorstellen, also getäuscht haben? ...

Aus: Die Mystik der Wissenschaft. ›Etudes‹, 20. März 1939 (6, S. 234 bis 237).

28 Die Lust am Leben

Stellen wir uns vor (und das ist in den Augen unserer Existentialismen keine Chimäre), der Mensch, der auf Grund der Ausweitung seiner Schau fähig geworden ist, die Grenzen seines kosmischen Bereichs zu erreichen, bemerke morgen, daß er entschieden in der Falle eines blinden, kalten und hermetisch geschlossenen Universums* gefangen ist. – Ist nicht evident, daß in diesem Falle die Anthropogenese* – wenn sie sich auch noch eine Zeitlang aus Gewohnheit oder aus Vergnügen weiterschleppen mag – im Herzen ihrer selbst wie von einem Wurm befallen wäre, derart, daß sie bald in ihrem Pfeil selbst dahinwelken würde?

Wirklich ein seltsames Schauspiel, von dem ich schon seit recht langer Zeit meine Aufmerksamkeit nicht zu lösen vermag: daß nämlich auf der ganzen Erde die Aufmerksamkeit von Tausenden von Ingenieuren und Wirtschaftlern sich ganz dem Problem der Weltvorräte an Kohle, Erdöl und Uran widmet – und daß dagegen niemand sich darüber Sorgen macht, die menschliche Lust am Leben* zu überwachen: um ihre »Temperatur« festzustellen, sie zu nähren, sie zu pflegen, – und (weshalb nicht?) sie zu vermehren!

Wie ein von dem Anblick eines Festmahls angeekelter Kranker – so würde der vom biologischen Ekel ergriffene Mensch gewiß das Leben bestreiken – und wäre es auch auf dem Gipfel seines Entdecker- und Schöpfungsvermögens. Und in diesen Streik *wird er treten*, wenn nicht *pari passu* [gleichen Schritts] mit seiner Wissenschaft und seiner Macht in ihm das Interesse (ein immer leidenschaftlicheres Interesse) an einem Werk aufsteigt, das ihm anvertraut ist. In uns ist die Evolution* in gefährlicher, kritischer Weise (nach dem Wort von Julian Huxley) bewußt* geworden – so sehr bewußt und vollendet, daß sie ihre eigenen Triebkräfte in die Hand nehmen und aus sich selbst neu aufbrechen kann. Doch wozu wäre dieses große kosmische Ereignis gut, wenn wir gerade *die Lust an der Evolution verloren* hätten!

Diese wertvolle und ursprüngliche Lust behandeln wir noch (wie es Leute, denen es gut geht, mit ihrer Gesundheit machen) als ein festes und gesichertes Kapital – von dem es, so glauben wir, immer genug auf der Welt geben wird.

Eine gefährliche Sicherheit und ein schwerer dynamischer Fehler!

Letzten Endes vermag das Ultra*-Humanum nur mit Humanem gebaut zu werden; und das Humanum* ist wesentlich nichts anderes denn ein sowohl intensivierbares als auch zugrunde zu richtendes Wollen, fortzubestehen und zu wachsen.

Dem theoretischen und praktischen Studium dieses Wollens (eines alle Formen unseres Könnens radikal bedingenden Wollens) müßte sich also eine neue Wissenschaft (und vielleicht die wichtigste von allen Wissenschaften) weihen – und sie wird sich ihm unausweichlich morgen weihen: ›Wie läßt sich in der Tiefe des Menschen die Quelle seines vitalen Elans* erhalten und immer weiter öffnen?‹

Aus: Die Lust am Leben. Paris, November 1950 (7, S. 114f.).

29 Der Kosmos – bewegt er sich noch?

Es ist evident, daß die Welt in ihrem gegenwärtigen Zustand das Ergebnis einer Bewegung ist. Ob man die Lage der Gesteinsschichten betrachtet, die die Erde umhüllen, oder die Anordnung der lebenden Formen, die sie bevölkern, oder die Mannigfaltigkeit der Zivilisationen, die sich in ihren Raum teilen, oder die Struktur der Sprachen, die auf ihr gesprochen werden, immer ergibt sich zwingend dieselbe Schlußfolgerung: in jedem Sein sammelt sich eine

Vergangenheit, – kein Ding ist ohne seine Geschichte verständlich. ›Natur‹ ist gleichbedeutend mit ›werden‹, entstehen: zu dieser Ansicht zwingt uns unwiderstehlich die Erfahrung. Was heißt das, wenn nicht, daß das Universum* sich zumindest früher einmal hat bewegen müssen; – daß es formbar gewesen ist; – daß es fortschreitend die Vollkommenheiten, die es heute krönen, nicht nur in akzidentellen Einzelheiten, sondern in ihrer Essenz erworben hat. Bis hin zum höchsten Psychismus, den wir kennen, bis zur menschlichen Seele, gibt es nichts, was nicht unter diesem gemeinsamen Gesetz steht. Auch diese Seele nimmt einen eindeutig definierten Platz im stufenweisen Aufstieg der Lebewesen zum Bewußtsein* ein; auch sie hat folglich (auf die eine oder andere Weise) mittels der allgemeinen Beweglichkeit der Dinge auftreten müssen. Alle, die dieser Wirklichkeit ins Auge blicken, erkennen diese fortschreitende Genese* des Universums mit einer Klarheit, die jedes Zaudern unmöglich macht. Was immer auch die Gegner sagen mögen, die sich noch in einer eingebildeten Welt bewegen, der Kosmos hat sich früher einmal als Ganzes bewegt, nicht nur ›localiter‹ [örtlich], sondern ›entitative‹ [seinsmäßig]. Das steht außer Zweifel, und wir werden es nicht weiter erörtern. – Doch *bewegt er sich noch?* – Damit kommen wir zur eigentlichen Frage, zur lebendigen und brennenden Frage der Evolution*.

Aus: Bemerkung zum Fortschritt. Ore, 17. September 1920 (5, S. 25).

30 Bewegung im Bereich des Bewußtseins

Die Hypothese eines endgültigen Stillstandes in der irdischen Evolution* wird meiner Ansicht nach weit weniger durch die anscheinende Unveränderlichkeit der gegenwärtigen Formen als durch einen mit diesem Stillstand zusammentreffenden gewissen Allgemeinzustand der Welt gestützt. Es ist sehr bemerkenswert, daß die morphologische Transformation* der Lebewesen sich gerade in dem Augenblick verlangsamt zu haben scheint, da das Denken auf der Erde auftrat. Wenn man dieses Zusammentreffen mit der Tatsache in Verbindung bringt, daß die einzige beständige Richtung, der die biologische Evolution folgte, die Richtung zum größeren Gehirn, grobgesagt also zum größeren Bewußtsein* gewesen ist, so muß man sich fragen, ob nicht das ›Bedürfnis‹ zu erkennen, zu denken die eigentliche Triebkraft des ganzen Aufstiegs der Lebenskräfte gewesen sei – und ob nicht, da dieses Bedürfnis im menschlichen Sein endlich sein Ziel erreicht hatte, der ganze ›vitale Druck‹ plötzlich in den anderen Zweigen des Lebens* gefallen sei. So würde sich die Konzentration* des ›evolutiven Lebens‹ seit dem Ende des Tertiärs auf die kleine Gruppe der höheren Primaten erklären. [...]

Falls man die Frage des entitativen [seinsmäßigen] Fortschritts* des Universums* endgültig beantworten will, muß man den ungünstigsten Fall annehmen, also den Fall einer Welt, in der alle evolutiven Potenzen *auf die menschliche Seele konzentriert* und *beschränkt* wären. Die Frage, ob sich das All immer *noch* entwickelt, mündet dann in die Entscheidung, ob *der menschliche Geist** immer noch in Evolution begriffen sei oder nicht. – Auf diese Frage aber antworte ich, ohne zu zögern: Ja. – Seiner Natur nach befindet sich der Mensch noch in voller entitativer Umwandlung. Doch um dies zu sehen, ist zweierlei notwendig: erstens, man darf den *biologischen* (morphogenen) Wert des sittlichen Tuns nicht vergessen; und zweitens muß man die organische Natur der *interindividuellen* Bindungen anerkennen. Wir werden sehen, daß eine wunderbare evolutive Bewegung rings um uns herum rastlos weitergeht, allerdings ist sie auf den *Bereich des Bewußtseins* (und zwar des kollektiven Bewußtseins) lokalisiert.

Aus: Bemerkung zum Fortschritt. Ore, 17. September 1920 (5, S. 27f.).

31 Der Fortschritt ist nicht das, wofür man ihn hält

Man sieht es jetzt: der Fortschritt* ist nicht das, wofür ihn das gemeine Volk hält und worüber es sich erzürnt, weil er nie eintrifft. Der Fortschritt ist unmittelbar weder Annehmlichkeit noch Wohlergehen noch Friede. Er ist nicht Ruhe. Er ist nicht einmal unmittelbar Tugend. Im wesentlichen ist der Fortschritt eine *Kraft* und die gefährlichste aller Kräfte. Er ist das Bewußtsein* von allem, was ist, und von allem, was sein kann. Auch wenn man alle Entrüstung wecken und alle Vorurteile verletzen müßte, es muß gesagt werden, weil es wahr ist: *Mehrsein ist zunächst Mehrwissen.*

So erklärt sich die geheimnisvolle Anziehungskraft, die trotz aller erfahrener Enttäuschungen und trotz aller Verurteilungen a priori unbezwinglich die Menschen zur Wissenschaft als der Quelle des Lebens* hinführt. Stärker als alles Scheitern und alle Einwände ist in uns der Instinkt, daß wir, um der Existenz treu zu sein, wissen müssen, immer mehr wissen müssen und deshalb suchen, immer mehr suchen müssen, Etwas – wir wissen nicht genau, was –, das sich gewiß früher oder später denen, die das Wirkliche bis auf den Grund ausgelotet haben, zeigen wird.

Ich glaube, auf diesem Wege ist es möglich, eine ernst zu nehmende Bestätigung für den Glauben an den Fortschritt zu finden.

Wenn man genau hinsieht, bietet die Welt des menschlichen Denkens heute ein ganz außergewöhnliches Schauspiel: von einer unerklärlichen Ganzheitsbewegung getragen, fühlen sich heute die Menschen gegensätzlichster Erziehung und gegensätzlichsten Glaubens einander nah, ineinander verschmolzen in einer gemeinsamen Leidenschaft für diese doppelte Wahrheit, daß es eine physische Einheit* der Seienden gibt und daß sie ihre lebenden und tätigen Parzellen sind.

Aus: Bemerkung zum Fortschritt. Ore, 17. September 1920 (5, S. 33f.).

32 Eine Umkehr der Entropie

Als Ausgangspunkt dieses neuen Gedankenganges nehmen wir die wohlgesicherte Tatsache, daß die Gesamtheit aller bekannten physischen Phänomene durch das äußerst allgemeine Gesetz der Entropie beherrscht wird, das heißt von dem Gefälle oder der Abnahme der nutzbaren Energie*. Im Laufe jeder Arbeit, so stellt die Thermodynamik fest, wird ein Teil Energie in Gestalt nichtzurückgewinnbarer Wärme zerstreut, so daß die Wirkkapazität des materiellen Universums* nach und nach ausgefüllt wird. In den heute von der Wissenschaft auf Grund positiver Beweise anerkannten atomaren Perspektiven läßt sich dieses große Phänomen der Nivellierung der kosmischen Energie durch einen statistischen Effekt erklären. Da die nutzbare Energie des Universums an eine heterogene Verteilung der korpuskularen Elemente gebunden ist (Heterogenität erzeugt ›Potentialunterschiede‹), strebt das Spiel der Wahrscheinlichkeit unerbittlich dahin, diese Elemente zu einer *wahrscheinlicheren*, das heißt homogenen Verteilung zu bringen, in der die Wirkkapazitäten sich in einer Art universeller Lauheit gegenseitig neutralisieren und aufheben. An der Entropie ist (außer ihrer Allgemeinheit) sehr bemerkenswert, daß sie im eigentlichen Sinne kein Gesetz wie die anderen ist, das absolute Gleichgewichtsbedingungen zu irgendeinem Augenblick ausdrückte. Sie macht eine universelle Trift der materiellen Phänomene durch die Dauer hindurch offenkundig. Sie drückt in einer algebraischen Formel eine historische Strömung aus: den Marsch der Materie zu den wahrscheinlichsten Bedingungen und Anordnungen. Insofern schlägt sie eine Brücke zwischen der mathematischen Physik und den Naturwissenschaften.

Nachdem dies gesagt ist, wollen wir einen Augenblick die Entropie lassen und zu den Lebewesen zurückkehren. In Termini der Physikochemie sind die Lebensphänomene wesentlich (gerade im Gegensatz zu denen der Materie*) durch eine Evolution* zum *weniger Wahrscheinlichen* charakterisiert. Unwahrscheinlichkeiten in den riesigen und instabilen Molekülen, die die organische Materie anhäuft; Unwahrscheinlichkeiten in der unglaublich komplizierten Struktur des geringsten Protozons; Unwahrscheinlichkeiten rasch wachsender Größenordnung in der Konstruktion der höheren Tiere und in der Entwicklung der letzteren zu mannigfaltigen fortschrittlichen Typen durch die geologischen Zeitalter hindurch; höchste Unwahrscheinlichkeiten schließlich des Auftretens, der Bewahrung und der Organisation des Denkens auf der Erde... Der Mensch wird von einem schwindelerregenden Gerüst aus Unwahrscheinlichkeiten getragen, zu denen jeder neue Fortschritt* ein weiteres Stockwerk beiträgt. Vor dieses gewaltige unleugbare Faktum des regelmäßigen Aufstiegs eines Teils der Welt zu unwahrscheinlichen Zuständen gestellt, hat die Wissenschaft bisher versucht, die Augen zu schließen oder abzuwenden. Die Konstruktionen des Lebens* sind unwahrscheinlich? Also zufällig und für die Spekulation und die Berechnung uninteressant. Und das Leben bleibt weiterhin als etwas Abwegiges außerhalb der Physik; als ein bizarrer Strudel, der zufällig in dem allein ursprünglichen und endgültigen Strom der Entropie entstanden ist.

Doch sollte es nicht eine mögliche andere Sehweise geben, die sogar ganz von selbst aus dem Zusammenfügen der einfachsten Worte entspringt, die wir finden können, um unsere Erfahrung des Universums auszusagen? Wenn wir im Universum angesichts zweier wichtiger Bewegungen der elementaren Einheiten stehen, die eine zum Wahrscheinlicheren, die andere zum weniger Wahrscheinlichen, weshalb soll man dann nicht versuchen, in dieser doppelten Strömung zwei Phänomene derselben Allgemeinheit, derselben Bedeutung, derselben Größenordnung zu sehen – die beiden Seiten oder die beiden Richtungen ein und desselben äußerst allgemeinen Ereignisses?

Weshalb sollte letzten Endes das Leben nicht ein Doppel oder eine Umkehrung der Entropie sein?

Selbstverständlich hat das Leben, um zur Würde der zweiten Grundströmung der Welt erhoben zu werden, gegen sich seine Erscheinungsformen räumlicher Begrenzung und höchster Gebrechlichkeit. Wie kann man, so wird man einwenden, den furchtbaren und unwiderstehlichen Entfaltungen kosmischer Energie den instabilen Film aufbauender Spontaneitäten vergleichen, mit dem sich infolge einer unwahrscheinlichen Reihe von Glücksfällen unsere kleine Erde umhüllt hat? Wir zögern, derartig offenkundig verschiedene Größen gegeneinander abzuwägen. Doch sollte das nicht gerade daran liegen, daß wir die Lehren des menschlichen Phänomens nur unzulänglich begriffen haben?

Solange das Leben in seine ›instinktiven‹ Formen gehüllt bleibt, kann man mit mehr oder weniger Wahrscheinlichkeit versuchen, es auf einfache Mechanismen zu reduzieren. Doch im Menschen bricht es mit Eigenschaften auf, die unreduzierbar sind auf die Gesetze der Physik, die es respektiert und benutzt. Im Menschen enthüllt sich das bis zum Denken getragene Leben als eine Seite *sui generis* der Potenzen der Welt. Diese neue Energie ist in ihren Bekundungen eng lokalisiert: doch die Geschichte ihrer Vorbereitung und ihres Erfolges erscheint der ganzen Evolution der Materie koextensiv. Sie erscheint lächerlich schwach, auch das stimmt: doch verrät die Sicherheit der Schritte, die sie ohne Stehenbleiben bis zur Menschheit getragen haben, nicht das Wirken des bloßen Zufalls und entzieht sich damit dessen Drohungen. Etwas ebenso Unwiderstehliches wie die Materie verbirgt sich unter der geduldigen Unfehlbarkeit des Aufstiegs der Lebewesen. Wir haben die etwas kindische Gewohnheit angenommen, das endgültige Gleichgewicht, die Festigkeit der Welt auf seiten der wahrscheinlichsten Verbindungen zu setzen. Wer weiß, ob wir nicht gut daran täten, die Stufenleiter unserer Werte von einem Ende zum anderen umzukehren, das heißt, ob die wahre Stabilität, die wahre Konsistenz des Universums nicht in der Richtung zu suchen wäre, in der das Unwahrscheinliche wächst?

Aus: Das menschliche Phänomen. ›Revue des Questions Scientifiques‹, November 1930 (3, S. 244–247).

33 Wuchern ohne Ordnung

Infolge eines raschen Umschlags des Gleichgewichts, den wir nicht einmal haben geschehen fühlen, beginnen wir heute wahrzunehmen, daß der Individualmensch teilweise der Untergebene seines Werkes geworden ist. Nicht nur die Maschine, das Feld, das Gold – sondern auch ursprünglich als einfacher Luxus oder reine Liebhaberei angesehene Organe (wie die schnellen Verkehrsmittel oder die Forschungslaboratorien ...) sind zu Arten autonomer, mit einem fordernden und unbegrenzten Leben* begabter Dinge geworden. Und am beunruhigendsten (allein beunruhigend, möchte man sagen) ist, daß dieses Wuchern ohne Ordnung zu geschehen scheint – in der Weise eines Gewebes, das derart wuchert, daß es unter seinem Neoplasma den Organismus erstickt, auf dem es entstanden ist. – In wirtschaftlicher und industrieller Hinsicht ist die Krise offenbar. Doch sie herrscht gleichfalls in den geistigen* Bereichen, und sie befällt die menschliche Rasse selbst. Zuviel Eisen, zuviel Weizen, zuviel Automobile; – aber auch zuviel Bücher, zuviel Beobachtungen; – und auch zuviel Diplome, Techniker und Handarbeiter – oder sogar zuviel Kinder. Die Welt kann nicht funktionieren, ohne Lebende, Nahrung, Ideen hervorzubringen. Doch ihre Produktion übersteigt immer offensichtlicher ihr Konsumations- und Assimilationsvermögen. – Und hier stellt sich wieder, wie im Falle der

Liebe, die Frage: Was bedeutet dieser seltsame Überschuß? Ist die Welt, da sie wächst, dazu verurteilt, automatisch, unter dem Übermaß ihres eigenen Gewichts erstickend, zu sterben?

Keineswegs, werden wir antworten: sie ist vielmehr dabei, in sich die Elemente eines höheren und neuen Leibes zu sammeln. Es macht die ganze Frage in dieser Geburtskrise aus, ob unverzüglich die Seele emergiert*, die durch ihr Auftreten diese Anhäufung stagnierender und wirrer Materie* organisieren, entlasten, vitalisieren wird. Doch diese Seele kann, wenn sie existiert, nichts anderes als die »Konspiration« der Individuen sein, die sich verbinden, um das Gebäude des Lebens _um ein neues Stockwerk höher zu bauen._ Die Mittel, über die wir heute verfügen, die Kräfte, die wir entfesselt haben, können nicht von dem engen System individueller oder nationaler Rahmen aufgenommen werden, deren sich bisher die Architekten der menschlichen Erde bedienten. Es war unsere Absicht, ein geräumigeres, großes Haus zu bauen, das aber in seinem Grundriß den alten guten Wohnungen glich. Und nunmehr sind wir durch die höhere Logik des Fortschritts*, der in uns ist, dahin geführt worden, Räume zusammenzufügen, die zu groß sind für den Gebrauch, den wir davon machen wollten. _Das Zeitalter der Nationen ist vorbei. Es handelt sich nunmehr, falls wir nicht zugrunde gehen wollen, für uns darum, die alten Vorurteile abzuschütteln und die Erde zu bauen._

Ich kenne alle Nuancen des Lächelns, die erscheinen, wenn jemand sich anschickt zu sagen, angesichts des Menschen gäbe es in der unmittelbaren Zukunft die Möglichkeit irgendeines Neuen und Größeren als wir selbst: Lächeln des Skeptikers oder des Dilettanten – des Schriftgelehrten oder des Pharisäers. Doch was soll ich machen? – Je mehr ich die Welt wissenschaftlich betrachte – _um so weniger sehe ich für sie einen anderen möglichen biologischen Ausweg als das aktive Bewußtsein* ihrer Einheit*_. Das Leben vermag in Zukunft auf unserem

Planeten nur noch voranzuschreiten (und *nichts* wird es daran hindern voranzuschreiten – nicht einmal seine inneren Unfreiheiten), indem es die Wände sprengt, die das menschliche Tun noch in Abteile teilen – und indem es sich ohne Zaudern dem Glauben an die Zukunft hingibt.

Aus: Der Geist der Erde. April 1933 (6, S. 48–50).

VII »Nicht Absonderung, sondern Synthese« Möglichkeiten und Grenzen der politischen Systeme

Teilhard, von Haus aus monarchistisch eingestellt, hat erst im Laufe seines Lebens eindeutig für die Demokratie als die Gesellschaftsform der Zukunft plädiert. Dabei hat er ihre Schwäche, in Individualismus und Anarchismus zu entarten (vgl. Kapitel I), deutlich gesehen. Nach Teilhard wären der kollektivistische Kommunismus und die faschistischen Regime nicht entstanden, hätten die modernen Gesellschaftsformen des 19. Jahrhunderts mehr dem demokratischen Ideal entsprochen (Text 34).

Die ideale Gesellschaftsform leitet Teilhard aus der Eigentümlichkeit der menschlichen Art ab. In ihr gibt es nur ein gedeihliches Zusammenleben, wenn einerseits der Einzelne von der Gesellschaft respektiert und seine Entfaltung garantiert wird und wenn andererseits der Einzelne seine Entfaltung ernst nimmt und sich selbst in die Gesellschaft einbringt (Text 35).

Wie der Einzelne verkümmert, wenn er sich absondert, so sind auch die Völker, Rassen und Kulturen, die sich isolieren, im Abseits der Entwicklung (Text 36 und 37).

Die Einbeziehung aller Kulturen, gleich welcher Entwicklungsstufe, in die kommende Weltgesellschaft bedeutet eine neue Phase in der Menschheitsgeschichte und in der Evolution des Universums (Text 38).

34 Kommunismus – Reaktion auf den anarchischen Liberalismus

Als erstgeborene Tochter der »revolutionären« Fortschritts*-Idee ist die Demokratie in der begeisterten Hoffnung auf unbegrenzte irdische Vervollkommnungen aufgewachsen. Da sie näher als alles andere der brennenden Quelle ist, aus der das moderne menschliche Bewußtsein* hervorgegangen ist, bleibt sie von diesem ursprünglichen Feuer durchtränkt. Aus demselben Grunde schleppt sie aber auch Unangepaßtheiten und einen Simplismus mit sich, die häufig die ersten Bekundungen der Wahrheit charakterisieren. Zwei logisch miteinander verbundene perspektivische Irrtümer schwächen und verderben das demokratische Weltbild: der eine betrifft seinen Personalismus* und der andere folgerichtig dazu seinen Universalismus*.

Außer dem Christentum hat keine geistige* Bewegung jemals so sehr den Wert der menschlichen Person begriffen und gepriesen. Leider haben die Apostel von 1789, mitgerissen vom Eifer für die Freiheit, nicht gesehen, daß das soziale Element seine volle Eigenständigkeit und seinen vollen Wert nur in einem Ganzen gewinnt, in dem es sich differenziert*. Anstatt frei zu werden, ist es emanzipiert. Jede Zelle hat sich deshalb berechtigt geglaubt, sich als Zentrum* für sich selbst aufzurichten. Von daher erklärt sich die durch die Tatsachen verurteilte Zersplitterung der falschen intellektuellen und sozialen Liberalismen. Und von daher auch der zerstörerische und unmögliche Egalitarismus, der jeden ernsthaften Aufbau einer neuen Erde bedroht. Die Demokratie scheint, da sie dem Volk die Lenkung des Fortschritts in die Hände gibt, der Idee der Totalität* Genüge zu tun. Sie stellt nur eine Fälschung davon dar. Der wahre Universalismus will durchaus alle Initiativen, alle Werte, alle dunkelsten Möglichkeiten ohne Ausnahme in seine Synthesen heimholen. Doch er ist wesentlich organisch und hierarchisiert. Weil die Demokratie Individualismus und Personalismus, Menge und Totalität verwechselte – durch Zersplitterung und Nivellierung der menschlichen Masse –, droht sie, die mit ihr geborenen Hoffnungen auf eine menschliche Zukunft zu gefährden. Deshalb mußte sie erleben, wie sich nach links der Kommunismus von ihr trennte und nach rechts alle Faschismen sich gegen sie erhoben.

Im Kommunismus wurde der Glaube an einen universellen menschlichen Organismus in den Anfängen großartig gesteigert. Das kann man gar nicht oft genug sagen. Für eine Elitegruppe ist die Versuchung des russischen Neo-Marxismus weit weniger sein humanitäres Evangelium denn seine Vision einer totalisierenden, stark an die kosmischen Kräfte der Materie* gebundenen Zivilisation. Der wahre Name des Kommunismus wäre der »Terrenismus«. Von dieser Begeisterung für die Quellen und die Zukunft der Erde geht eine wirkliche Verführungskraft aus. So beweisen auch alle Tatsachen seit zwanzig Jahren die insgeheim im Evangelium Lenins verborgene geistige Kraft. Keine moderne Bewegung hat es verstanden (es sei denn in vorübergehenden Böen), eine derartige Atmosphäre der Neuheit und Universalität zu schaffen. – Leider ist auch auf dieser Seite wieder das menschliche Ideal in schwerwiegender Weise lückenhaft oder entstellt. Einerseits gelangt der Kommunismus durch seine allzu lebhafte Reaktion auf den anarchischen Liberalismus der Demokratie dahin, die Person virtuell zu unterdrücken und aus dem Menschen eine Termite zu machen. Andererseits hat er sich in seiner unausgewogenen Bewunderung für die greifbaren Kräfte des Universums* systematisch den Hoffnungen für die Möglichkeiten einer geistigen Metamorphose des Universums verschlossen. Das menschliche Phänomen (das wesentlich, wie wir gesehen haben, durch die Entwicklung des Denkens definiert ist) wird dadurch auf die mechanischen Entwicklungen einer seelenlosen Kollektivität* reduziert. Die Materie hat den Geist verschleiert. Ein Pseudodeterminismus hat die Liebe getötet. Das Fehlen des Personalismus, das eine Begrenzung oder sogar eine Verderbnis der Zukunft nach sich zieht und infolgedessen die Möglichkeit und den Begriff selbst des Universalismus unterminiert – dies sind in weit größerem

Maße als alle wirtschaftlichen Umwälzungen die Gefahren des Bolschewismus.

Aus: Die Menschheit retten. Peking, 11. November 1936 (9, S. 186–188).

35 Das demokratische Ideal

a) Zunächst müssen [...] in jeder Planung einer demokratischen Institution *zwei allgemeine Voraussetzungen* absolut berücksichtigt werden. Erstens muß dem Individuum ein größtmöglicher Vektor freier Ausrichtung belassen werden, innerhalb dessen es seine Eigenständigkeit entwickeln kann (unter der diesem Vektor theoretisch auferlegten einzigen Bedingung, daß er sich in Richtung auf die wachsenden Werte der Reflexion und des Bewußtseins* öffnet); und zweitens muß – im Ausgleich zu der ersten Voraussetzung – die Begründung von Konvergenzströmungen* (kollektiven* Organisationen) gewährleistet und gefördert werden, innerhalb deren letzten Endes, und zwar kraft der Gesetze der Anthropogenese*, die individuellen Initiativen allein ihre Vollendung und ihren Bestand finden können. Eine klug abgewogene Mischung von Tunlassen und Entschiedenheit. Ein Problem des Maßes, des Takts, des ›Könnens‹, zu dessen Lösung sich keine absoluten Regeln angeben lassen, für das aber in jedem besonderen Falle jedes Volk durchaus auf seine eigenen Kosten eine Lösung zu finden vermag – sofern in ihm der Fortschritts*- und ›Über*-Humanisierungs‹-Trieb genügend entwickelt ist.

b) Zweitens und folglich darf das demokratische Ideal (wie auch das Leben* selbst) nur hoffen, sich durch vieles *Versuchen und Tasten** hindurch endlich zu formulieren und in noch stärkerem Maße konkret zu verwirklichen. Trotz der zusammendrängenden, einsmachenden* Gegebenheiten, denen wir ausgesetzt sind, besteht die Menschheit noch aus entsetzlich heterogenen, ungleich ausgereiften Teilen, deren ›Demokratisation‹ nur mit viel Vorstellungskraft und Anpassungsfähigkeit entsprechend den mit dem jeweiligen Teil der Welt sich ändernden Gegebenheiten durchgeführt werden kann.

c) Endlich und abschließend hängt von der Erhaltung und dem Wachsen dessen im menschlichen Bewußtsein, was ich den *Sinn für die Art* genannt habe, letzten Endes die Verwirklichung einer wirklich demokratischen sozialen Anordnung auf der Erde ab. – Nur eine machtvolle Polarisierung allen individuellen Wollens kann nämlich, nachdem sie jedes Fragment der Menschheit zur Entdeckung seiner besonderen Form der Freiheit geführt hat, die Konvergenz und die Zusammenführung dieser Vielheit* zu einem einzigen kohärenten planetaren System gewährleisten. – Und sie allein kann in dem so gebildeten Gefüge die Atmosphäre des Nichtgezwungenseins, das heißt die *Einmütigkeit*, herrschen lassen, worin letztlich das höchste und ungreifbarste Wesen der Demokratie besteht.

Aus: Das Wesen der Idee der Demokratie. Paris, 2. Februar 1949. Antwort auf eine Umfrage der UNESCO (5, S. 318–320).

36 Brennpunkte menschlicher Entwicklung

Der Vormarsch der Menschheit, gemessen an einer Zunahme des Vermögens und des Bewußtseins*, hat sich, und das steht außerhalb jeder Hypothese, in bestimmten begrenzten Gegenden der Erde vollzogen. Gewisse ethnische Gruppen haben sich historisch fortschrittlicher* gezeigt als die anderen. Sie haben den vormarschierenden Flügel der Menschheit gebildet. Doch welche Faktoren dürfen wir annehmen, denen diese Gruppen ihre Überlegenheit verdankt hätten? Qualität des ›Blutes‹ oder des Geistes*? Ein Optimum wirtschaftlicher Hilfsquellen und klimatischer Bedingungen? Ja, gewiß. Doch können wir auch noch etwas mehr wahrnehmen. Sehen wir genau zu, und wir werden sehen, daß die Brennpunkte menschlicher Entwicklung immer mit den Punkten des Zusammentreffens und der Anastomose mehrerer ›Blattnerven‹ zusammenzutreffen scheinen. Die kraftvollsten menschlichen Zweige sind keineswegs jene, bei denen irgendeine Isolierung die Gene am reinsten bewahrt hätte; sondern ganz im Gegenteil jene, bei denen die reichste wechselseitige Befruchtung wirksam geworden ist. Vergleichen Sie nur den Pazifik und das Mittelmeer, wie sie vor einem Jahrhundert waren ... *Die vermenschlichsten menschlichen Kollektivgruppen erscheinen uns immer letzten Endes als das Produkt nicht einer Absonderung, sondern einer Synthese.*

Aus: Die natürlichen menschlichen Einheiten. ›Etudes‹, 5. Juli 1939 (3, S. 301 f.)

37 Naturwidrige Rassenlehre

Falsch und naturwidrig ist das egozentrische Ideal einer Zukunft, die denjenigen vorbehalten wäre, die egoistisch an die äußerste Grenze des »jeder für sich« zu gelangen wüßten. Kein Element könnte sich bewegen und wachsen, hätte es nicht die Hilfe und die Kraft aller andern hinter sich.

Falsch und naturwidrig ist das Ideal der Rassenlehre vom Ast, der für sich allein alle Säfte des Baumes in Anspruch nimmt und dem Tod der andern Äste seine eigene Erhebung verdankt. Um bis an die Sonne zu dringen, bedarf es des harmonischen Wachstums des gesamten Geästes.

Der Ausgang aus der Welt, die Tore der Zukunft, der

Eingang zum Übermenschlichen* eröffnen sich weder einigen Privilegierten noch einem einzigen Volk, das auserwählt wäre unter allen Völkern! Die Pforten öffnen sich nur, wenn *alle zusammen* nach einem Ziel drängen, in dem sich alle zusammen vereinigen*, um sich in einer geistigen* Erneuerung der Erde zu vollenden.

Aus: Der Mensch im Kosmos. Peking, 1938–1940 (1, S. 251).

38 Man muß sich nach Afrika versetzen

Man muß sich nach Afrika versetzen, um am besten zu sehen, wie die große Welle der Völker, der Techniken und der Ideen sich formt, größer wird, aufbricht und dann bis zur Sättigung der bewohnbaren Gebiete zu sich selbst zurückkommt.

Und jetzt, da auf einer vollständig bewohnten Erde die Materialien vorbereitet und einander nahegebracht sind, damit sich unter dem unwiderstehlichen Druck oder Stoß der planetaren Kräfte die menschliche Einheit* von morgen aufbaut, wie müssen wir es da anstellen, um die verschiedenen ethnischen Blöcke, die verschiedenen menschlichen ›Isotope‹ (das Weiße, das Gelbe, das Schwarze...), die im Laufe der Zeit aus der doppelten Laune der Gene und der Form der Kontinente entstanden sind, miteinander zu verbinden, und zwar derart, daß sie im höchsten Maße aufgewertet werden?...

Ein zweiter, noch kaum begonnener und gewissermaßen vor uns klaffender Zyklus der Hominisation*!

Aus: Afrika und die menschlichen Ursprünge. September 1954 (2, S. 276).

VIII »Der Friede ist möglich«
Von der endgültigen Vernichtung des Krieges

Teilhard hat zwei Weltkriege erlebt und in China die erbarmungslosen Kämpfe zwischen den rivalisierenden Gruppen. Nach jedem Krieg und jedem Kampf hat er gehofft, es werde der letzte sein, die Menschheit sei endlich reif für den Frieden. Den Ausbruch eines neuen Krieges empfand er jedesmal als Herausforderung: Was soll das für einen Sinn haben im Hinblick auf die Weiterentwicklung der Menschheit?

Am Ende des Zweiten Weltkrieges zieht Teilhard Bilanz. Die Kriege dieses Jahrhunderts haben die Menschheit so ineinander verstrickt und die Völker so in Bewegung gesetzt, daß es aus diesem Chaos nur noch einen Ausweg gibt: die Einswerdung der Welt durch die Anstrengung aller (Text 39).

Dieses Ziel, insgeheim bereits die Triebkraft auch der letzten Kriege, muß auf der Entwicklungsstufe, die wir jetzt erreicht haben, mit friedlichen Mitteln angestrebt werden (Text 40). Die Menschheit muß erkennen, daß sie sich einen atomaren Krieg nur um den Preis ihrer völligen Vernichtung leisten kann. Um diese Gefahr zu bannen, gibt es nur ein Mittel: die Einmütigkeit der Menschheit. So sieht sich die Menschheit gezwungen, das anzustreben, was ihrer innersten Bestimmung entspricht: die Vereinigung der Welt in Sympathie und Freiheit (Text 41).

39 Je mehr wir einander zurückstoßen ...

Wenn wir am Morgen nach dem schrecklichsten Stoß, der jemals die lebendigen* Schichten der Erde erschüttert hat, versuchen, den Zustand zu beurteilen, in dem uns das

Erdbeben zurückgelassen hat, möchte man meinen, wir würden einen unterhöhlten und bis auf den Grund zerspaltenen Boden vorfinden. Hat ein derartiger Schock nicht alle schwachen Punkte aufgedeckt? Hat er nicht alle Kräfte der Auflösung und der Divergenz* wirken lassen? Und hat er nicht schließlich eine in sich selbst zerschlagene Menschheit zurückgelassen? Auf dieses Schauspiel müßten wir uns eigentlich gefaßt machen.

Was aber sehen wir anstelle dieser Ruinen, sofern wir nur den psychologischen Schleier des Überdrusses und des Grolls beiseite schieben [...].

Geographisch gesehen, ist seit 1939 ein großes Stück der Erde, nämlich das Gebiet des Stillen Ozeans, das bis dahin am Rande der Zivilisation lebte, virtuell und unwiderruflich in den Kreis der industrialisierten Nationen getreten. Massen von mechanisierten Menschen haben die Südsee erobert; auf den gestern noch poetisch verträumten Inseln Polynesiens wurden bereits modernste Flughäfen für immer gebaut.

Ethnisch gesehen, haben im gleichen Zeitraum umfassende Bewegungen die Völker erbarmungslos durcheinandergewirbelt: ganze Armeen verschoben sich von einer Erdhälfte zur anderen; Tausende von Flüchtlingen wurden, wie Samen vom Wind, über die ganze Erde verstreut... So grausam und ungünstig die Umstände dieser Durchmischung auch gewesen sein mögen, wer sieht nicht die unvermeidlichen Folgen davon, daß der menschliche Teig neuerlich in Bewegung gesetzt wurde?

Wirtschaftlich und psychisch gesehen schließlich, wurde im Laufe des gleichen Zeitraums – unter dem unerbittlichen Druck der Ereignisse und dank der wunderbar vermehrten und beschleunigten Verbindungsmittel – die ganze Masse des Menschengeschlechts in der Gußform einer gemeinsamen Existenz gehalten: zu großen Teilen eng eingefaßt in zahlreichen internationalen Organisationen (die umfassendsten und gewagtesten, die man je gesehen hat); in ihrer Totalität* von denselben leidenschaftlichen Wallungen, denselben Problemen und denselben Neuigkeiten angstvoll gefesselt... Glaubt wirklich jemand ernsthaft, daß sie sich von solchen Gewohnheiten losreißen könnte?

Nein, während dieser sechs Jahre und trotz soviel entfesselten Hasses ist der menschliche Block nicht auseinandergefallen. Doch in seinen unbeugsamsten organischen Tiefen hat er sich dagegen um eine Schraubenwindung enger um uns zusammengeschlossen. 1914 bis 1918, 1939 bis 1945: jedesmal wurde die Schraube um eine Drehung angezogen... Jeder neue Krieg, den die Völker entfesselten, um sich voneinander zu lösen, hatte nur zum Ergebnis, daß sie sich in einem immer unauflöslicheren Knoten verbanden und verwickelten. Je mehr wir einander zurückstoßen, desto mehr durchdringen wir einander.

Und wirklich, wie könnte es auch anders sein?

Auf der geometrisch begrenzten Oberfläche der Erde, die sich infolge eines Wachsens des Wirkungskreises jedes einzelnen noch dauernd zusammenzieht, vermehren sich die menschlichen Partikeln nicht nur jeden Tag stärker, sondern als Reaktion auf ihre gegenseitigen Reibungen entwickeln sie auch automatisch um sich ein immer dichteres Wurzelgeflecht wirtschaftlicher und sozialer Bindungen. Mehr noch: da jede von ihnen bis in ihr Zentrum* den zahllosen geistigen Einflüssen ausgesetzt ist, die in jedem Augenblick vom Denken, Wollen und den Leidenschaften aller anderen ausstrahlen, sind sie innerlich* beständig einem Übermaß von Resonanzeinwirkung unterworfen. – Ist es nicht evident, daß unter dem Druck dieser Faktoren, die unaufhaltsam wirken, weil sie in den allgemeinsten und tiefsten Bedingtheiten der planetaren Strukturwurzeln der uns mitreißenden Bewegung begründet sind, nur eine einzige Richtung offenbleibt: eine dauernd wachsende Einswerdung*? Wenn wir über die irdische Bestimmung des Menschen theoretisieren, pflegen wir zu sagen, in der großen Zukunft sei, was uns angeht, nichts sicher, außer daß unbarmherzig der Tag kommt, an dem der Erdball unbewohnbar geworden sein wird. Doch für denjenigen, der keine Angst hat hinzusehen, erwartet uns im Vorausliegenden ein zweites, gleichfalls Gewisses. Zur gleichen Zeit, da die Erde altert, zieht sich ihre lebende Haut noch schneller zusammen. Der letzte Tag der Menschheit wird für sie mit einem Höchstmaß an Zusammenziehung und an Einrollung* in sich selbst zusammenfallen.

Ich weiß. Es ist vielleicht zu einfach, es ist gewiß gefährlich, überall in der Geschichte Determinismen* zu sehen. Von Zeit zu Zeit erheben sich maßgebliche Stimmen, die beteuern, hinter dem Aufstieg der Massen, der Planung oder der Demokratie verberge sich nichts Unausweichliches. In den Einzelheiten und den Modalitäten haben diese Verteidiger der individuellen Freiheit häufig recht. Sie täuschen oder täuschten sich aber, wenn sie in ihrem berechtigten Widerstandsgeist gegen das Passive und Blindwirkende in der Welt ihre und unsere Augen vor dem allgemeinen Super*-Determinismus zu verschließen suchten, der die Menschheit sich unwiderstehlich in sich selbst sammeln läßt.

Ob wir es wollen oder nicht, seit den Ursprüngen der Geschichte und unter dem vereinten Antrieb aller Kräfte der Materie* und des Geistes* kollektivieren wir uns pausenlos, langsam oder stoßweise, jeden Tag mehr. Das ist das Faktum. Der Menschheit ist es ebenso unmöglich, sich nicht in sich selbst zusammenzuschließen, wie der Intelligenz, nicht unendlich ihr Denken zu vertiefen! ... Anstatt wider alle Evidenz zu versuchen, die Wirklichkeit dieses großen Phänomens zu leugnen oder zu verharmlosen, wollen wir es offen anerkennen; blicken wir ihm ins Auge; und sehen wir zu, ob wir auf ihm, wenn wir es als unangreifbares Fundament verwenden, nicht ein optimistisches Gebäude der Freude und der Befreiung errichten können.

Aus: Ein großes Ereignis zeichnet sich ab: Die menschliche Planetisation. Peking, 25. Dezember 1945 (5, S. 169–172).

40 Was ehedem zum Krieg zwang …

Der Friede – ich meine, wohlgemerkt, eine universelle und beständige Form des Friedens – ist […], so sage ich, menschlich *möglich*. Und weshalb sollte er es auch nicht sein? Gegen diese optimistische Behauptung lassen sich gewiß leicht Argumente und Beweise sammeln. Historische Beweise: es hat bisher immer Kriege gegeben, und sie wurden sogar immer härter; also wird es auch weiterhin, bis ans Ende der Zeiten, Kriege geben. Moralische Beweise: der Mensch ist böse, und er wird sogar immer böser, je mehr er sich zivilisiert; mit welchem Recht darf man hoffen, daß er sich je bessert? Und schließlich ein wissenschaftlicher Beweis: von den Ursprüngen an ist die Entwicklung der tierischen Arten durch den Kampf ums Dasein gekennzeichnet; wie kann man nur daran denken, uns armselige Menschenwesen von dieser wesentlichen biologischen Bedingung auszunehmen, außerhalb derer es weder Bewegung noch Fortschritt* gibt? Diese vielfältigen, Zweifel weckenden Einwände kenne ich, und ich habe sie als Fachmann ebensosehr wie sonst jemand erwogen. Und dennoch, ich sage das ganz offen, beeindruckt mich keiner von ihnen, weil in meinen Augen alle durch ein Faktum höherer Ordnung unwirksam gemacht und schließlich aufgehoben werden, dem die Soziologen, ich weiß nicht weshalb, keine Aufmerksamkeit zu schenken scheinen: ich meine die besondere, *einzigartige* Struktur der zoologischen Gruppe, zu der wir gehören. Bis zum Menschen strebten die Zweige und Blätter, die die verschiedenen lebenden Arten bildeten, unausbleiblich dahin, im Laufe ihrer Entwicklung immer mehr sich voneinander zu trennen und zu divergieren*. Vom Menschen an dagegen (infolge des großen psychologischen Phänomens der ›Reflexion‹*) ändern diese selben Blätter ihr Verhalten vollständig. Anstatt sich voneinander zu trennen und abzusondern, beginnen sie sich einwärts zu biegen und dann sich ineinander einzurollen*, so daß sie nach und nach (Rassen, Völker, Nationen, alle zusammen) eine Art einbewußten Super*-Organismus bilden. Das geschieht im Augenblick, erkennbar für ein geübtes Auge. Nun gut! Nachdem diese tiefe Erneuerung der evolutiven* Wege auf unserer Ebene einmal festgestellt ist, wie soll man da daran vorbeisehen können, daß alle Gegebenheiten des Problems sich ändern und daß es zur Beurteilung der Zukunft der menschlichen Gesellschaft in bezug auf den Krieg und den Frieden von nun an nicht mehr genügt, einfach die Geschichte der Tiere oder auch die der ersten hundert- oder zweihunderttausend Jahre unserer Art weiter nach vorn zu verlängern? Biologisch trieb bis jetzt die Lebewesen zu ihrer gegenseitigen Vernichtung offensichtlich die Notwendigkeit, sich jeweils an die Stelle der anderen zu setzen, um zu überleben. Doch weshalb hatten sie es eben notwendig, um zu überleben, sich an die Stelle des anderen zu setzen, wenn nicht deshalb, weil sie sich vereinzelten? Im Grunde und letzten Endes hat die Divergenz der lebendigen* Zweige (die sich über alle Stufen von oben nach unten bis zur Familie und zu den die Familien bildenden Individuen weiter fortsetzt) seit eh und je unaufhörlich innere Kämpfe hervorgebracht. Stellen wir uns dagegen vor (das ist der ganz neue Fall der menschlichen Art), daß die Einknospung nach und nach an die Stelle der Entfaltung der Formen tritt. Dann ändert sich die alte Ökonomie der Natur von Grund auf: denn um unter konvergierenden* Zweigen weiterbestehen zu können, geht es in Zukunft nicht mehr darum, sich einander auszuschalten, sondern sich zu vereinen. Was ehedem zum Krieg zwang, drängt nunmehr zum Frieden. Um für den Menschen zu gelten, müssen die Gesetze der Erhaltung und des zoologischen Überlebens folglich das Vorzeichen ändern. Das ganze Phänomen schlägt ins Gegenteil um. Vielleicht erklären sich gerade dadurch die schrecklichen Erschütterungen, die wir durchgemacht haben. Keineswegs eine unwiderstehliche Verstärkung des Kriegsrhythmus, sondern ein einfacher Konflikt zwischen

Strömungen: die alten trennenden Kräfte der Oberfläche stoßen sich an einem bereits im Fortschritt begriffenen Zusammenwachsen des Grundes. Und weshalb auch nicht?

Aus: Der Glaube an den Frieden. ›Cahiers du Monde Nouveau‹, Januar 1947 (5, S. 200–202).

41 Das Atomzeitalter

Da wir die Atome zerplatzen ließen, haben wir in die Frucht der großen Entdeckung gebissen. Das genügte, um einen Geschmack in unserem Mund zu hinterlassen, den fortan nichts mehr auszulöschen vermag: den Geschmack an der Super*-Schöpfung. Und das genügt folglich, daß im gleichen Anhieb auch das Gespenst blutiger Kämpfe vor den Strahlen einer aufsteigenden Einmütigkeit verblaßt. Man behauptet, die Menschheit laufe, von ihrer Kraft berauscht, in ihr Verderben – sie werde sich in dem Feuer verbrennen, das sie unvorsichtig angezündet hat. Mir scheint im Gegenteil, dank der Atombombe könnte für den Krieg morgen der Tag kommen, da er doppelt und endgültig vernichtet wird. Zunächst vernichtet (das sieht und hofft jeder von uns) in seiner Ausübung durch das Übermaß an Zerstörungskräften, die uns in die Hand gegeben sind und die jeden Kampf unmöglich machen werden. Vor allem aber vernichtet (daran denken wir weniger) in seiner Wurzel, in unseren Herzen, weil im Vergleich zu den Eroberungsmöglichkeiten, die die Wissenschaft uns eröffnet, kriegerische Schlachten und kriegerisches Heldentum uns bald nur noch als etwas Langweiliges und Überholtes erscheinen dürften. Weil uns ein wirkliches Ziel sichtbar geworden ist, ein Ziel, das wir nur erreichen können, wenn wir uns alle zugleich in einem gemeinsamen Bemühen anspannen, kann in Zukunft unser Tun nur mehr sich näher kommen und in einer Atmosphäre der Sympathie* konvergieren*: der Sympathie sage ich, denn es bedeutet unvermeidlich, daß man anfängt, sich zu lieben, wenn alle zusammen leidenschaftlich auf ein und dasselbe blicken. Da er uns einen biologischen, ›phyletischen‹ Ausgang nach oben öffnet, führt der Schock, der unseren Untergang besiegeln zu müssen schien, zu dem Ergebnis, daß er uns aufrichtet, uns dynamisiert und uns schließlich (in gewissen Grenzen) zur Einmütigkeit bringt. Das Atomzeitalter: kein Zeitalter der Zerstörung, sondern Zeitalter der Vereinigung* in der Forschung. Trotz ihres militärischen Gehabens würden die jüngsten Explosionen in Bikini somit die Geburt einer innerlich und äußerlich befriedeten Menschheit anzeigen. Sie würden die Ankunft eines *Geistes* der Erde* ankündigen.

Aus: Einige Bemerkungen über den geistigen Widerhall der Atombombe. ›Etudes‹, September 1946 (5, S. 195f.).

IX »Den Reichtum einer Welt bewahren«
Die ökonomische und ökologische Krise

Daß es in den beiden Weltkriegen immer auch um wirtschaftliche Machtkämpfe ging, blieb Teilhard nicht verborgen, ebensowenig, daß Kapitalismus und Kommunismus, wenn auch zu unterschiedlichen Zwecken, die Natur rücksichtslos ausbeuten. Ein gigantischer, weltweiter Kampf um die Verteilung der Rohstoffe steht bevor ohne Rücksicht auf die hereinbrechende ökologische Krise.

In dieser Situation gehört Teilhard bereits in den fünfziger Jahren zu den wenigen Rufern in der Wüste. Er verweist auf das Mißverhältnis zwischen der Plünderung der Erde, der wachsenden Weltbevölkerung und dem Zurückbleiben der Forschung auf dem Gebiet der Nahrungsmittelversorgung (Text 42).

Dabei gibt sich Teilhard keinen Illusionen hin: Das alte Gleichgewicht zwischen Natur und Zivilisation kann nicht wieder hergestellt werden, es gibt in der Evolution kein Zurück. Der Mensch muß an die Stelle des »natürlichen« Gleichgewichts ein neues schaffen, und das unter Zeitdruck (Text 43). Dabei kann er auf sein wissenschaftliches und technisches Können nicht verzichten, er muß es sogar steigern, um der Probleme Herr zu werden (Text 44).

Schon 1937 fordert Teilhard zur Bewältigung dieser Überlebenskrise die internationale Zusammenarbeit. Ziel der gemeinsamen Anstrengungen muß eine befriedete und versorgte Menschheit sein, die ihre Energien nicht verschwendet, sondern für die Weiterentwicklung des Universums einsetzt (Text 45). Eine solche globale Zielsetzung wird auch die Arbeitslosigkeit, das Ergebnis rein profit- und machtorientierter Wirtschaften, beseitigen, ohne den Elan der Entwicklung zu bremsen. Was fehlt, ist die Sinngebung für ein solches weltweites und zukunftsorientiertes Engagement (Text 46). Es kann nach Teilhard nur aus der Einsicht kommen: die Zukunft dieser Welt liegt in unseren Händen, in der Hand eines jeden von uns. Es wird nur eine Zukunft geben, wenn der natürliche Reichtum der Erde aufgenommen wird in eine Lebensform, die von Liebe geprägt ist und in der alles die Chance seiner Entfaltung hat (Text 47).

42 Urbares Land sorglos zerstört

Man muß meines Erachtens Warnrufen, wie Fairfield Osborn sie jüngst in seinem Buch ›Unser geplünderter Planet‹ [Our Plundered Planet, Brown and Co., Boston 1948] hat laut werden lassen, die größte Beachtung schenken.

Verbrennen wir in unserer Hast voranzukommen nicht unvorsichtig unsere Reserven, so daß morgen unser Fortschritt* mangels Nachschubs aufgehalten wird? ... Im Bereich der physischen Energien* und selbst der anorganischen Stoffe erahnt oder besitzt die Wissenschaft bereits unerschöpflichen Ersatz für die Kohle, das Erdöl und gewisse Metalle. Wieviel Zeit ist aber im Bereich der Nahrungsmittel noch notwendig, damit die Chemie (falls es ihr jemals gelingt) dahin gelangt, uns unmittelbar im Ausgang von Kohlenstoff, Stickstoff und anderen einfachen Elementen zu ernähren? ... Unterdessen steigt die Bevölkerung der Erdkugel steil an – und auf allen Kontinenten wird urbares Land sorglos zerstört. Nehmen wir uns in acht: wir stehen immer noch auf tönernen Füßen ...

Aus: Die Richtungen und die Voraussetzungen der Zukunft. Paris, 30. Juni 1948 (5, S. 304f.).

43 Das Gleichgewicht der Dinge

Dank einer psychischen Überlegenheit, die es ihm erlaubte, alles andere Leben* außer dem seinen zu verdrängen, hat sich der Mensch (vor allem seit dem Neolithikum) so sehr vermehrt, und er hat – durch den Stein, durch das Eisen, durch das Feuer – so gut ›gearbeitet‹, daß es seinem Tun schließlich gelungen ist, das alte Gleichgewicht der Dinge zwischen dem Boden und ihm zu brechen.

Gewiß, er hat Zeit gebraucht, um seine Unvorsichtigkeit wahrzunehmen! Haben unsere Volkswirtschaftler nicht erst gestern begonnen, eine Bilanz der Erde aufzustellen? Doch heute – infolge eines unglaublich raschen Anstiegs der Weltbevölkerung – und infolge der nicht weniger unglaublich raschen Vergrößerung der *täglichen Ration,* die das menschliche Individuum braucht, um zu überleben (Rationen nicht nur an Brot und an Wasser, sondern auch an Substanzen und Energien* aller Arten), wird die Gefahr eines Mangels so evident, daß Alarmrufe von allen Seiten zu hören sind. Beim jetzigen Gang der Dinge (zu viele Menschen und zuviel Vergeudung durch Fehler der Menschen) laufen Boden und Untergrund der Kontinente Gefahr, vor Ablauf sehr weniger Jahrhunderte erschöpft zu sein. Zusehends verschwindet unser evolutives* Kapital...

Aus: Die Besonderheiten der menschlichen Art. New York, 25. März 1954 (2, S. 332).

44 Den gefährlichen Durchgang überwinden

Angesichts einer Situation, der gegenüber ich der letzte wäre, der ihre Wirklichkeit und ihren Ernst als geringfügig hintanstellen wollte, weigere ich mich für meinen Teil, Pessimist zu sein. Vielmehr behaupte ich im Gegenteil und ohne, so hoffe ich, aufzuhören, Realist zu sein, daß von einem ökonomischen Standpunkt her uns nichts hindert, weiterhin zu glauben, für den Menschen ›beginne das Leben* morgen‹. Und zwar deshalb.

Infolge des unwiderstehlichen Beschleunigungseffekts im Verbrauch leeren wir rasch (und sogar zu rasch) unsere Eisen-, Erdöl- und Kohlelager: das ist klar. Infolge des Beschleunigungseffekts in der Vermehrung entwickelt sich gleichzeitig ein immer größeres Mißverhältnis zwischen der totalen Ausdehnung des ackerbaren Landes und den Bedürfnissen der Weltbevölkerung: das ist nicht weniger evident. Doch sehen wir umgekehrt nicht, wie gerade jetzt zur rechten Zeit unsere Physiker die Kernenergie in Besitz nehmen – und unsere Chemiker allmählich das Problem der organischen Synthesen einkreisen? Wer kann sagen, wo diese Bewegung stehenbleiben wird? Unehrerbietig hat man die Menschheit mit einer Eintagsblume verglichen, die auf dem mineralisierten Kadaver von Jahrmillionen beerdigten Lebens aufgetreten sei. Doch weshalb nicht eher annehmen, daß unsere Art, jenen Flugzeugen ähnlich, die zum Starten eine fremde Kraft brauchen, um autotroph und autonom zu werden, im Laufe einer ersten Phase (derjenigen, die zu Ende geht) unmittelbar neben ihr eine üppige Quelle fertig bereiteter Energien* finden mußte... Danach wird sie mit ihren eigenen Flügeln fliegen können. Seit den Hunderten von Jahrmillionen, da die psychische Temperatur der Erde ansteigt, ohne je zurückzugehen, mußte das Leben viele Hindernisse auf seinem Wege vorfinden... Sollte es heute, da es seinen ganzen Schwung gefunden hat, möglich sein, daß es ausgerechnet in dem großartigen Akt scheitert, sich voll und ganz in sich selbst zu reflektieren? Wenn man das anerkennt (ich meine, daß es eine endgültige Lösung für das Problem der menschlichen Ernährung geben muß und daß man sie schließlich finden wird), mit welchen Kunstgriffen wird es uns gelingen, den gefährlichen Durchgang zu überwinden, in dem wir uns derzeit befinden? Durch welche Methoden der Bodenkonservierung? durch welche ausgeglichene Bewirtschaftung der Rohstoffe? durch welche in die Vermehrung der Art eingeführte Umsicht? ... können wir die nötige Zeit gewinnen, um eine ganze Welt neuer Energien zu entdecken und in unserer Zivilisation zu akklimatisieren? Wie es anstellen, mit anderen Worten, damit im Jahre 3000 die Menschheit, *wie notwendig*, noch besser genährt und besser ausgerüstet ist als heute in ihrem Bemühen, der biologisch erwarteten Weiterführung ihrer Bestimmung zu genügen?

Aus: Die Besonderheiten der menschlichen Art. New York, 25. März 1954 (2, S. 333 f.).

45 Verworrene Theorien und barbarische Methoden

Es muß offensichtlich ein erstes Bemühen der neuen Technik in diesem Bereich sein, einen wachsenden Vorrat nutzbarer materieller* Energie* zu gewährleisten. Was kommt nach der Kohle, dem Wasser, dem Erdöl? ... In diesem Punkt können wir der Physik vertrauen. Doch bei der Geschwindigkeit, mit der der Verbrauch unserer Reserven zunimmt, muß man sich beeilen, etwas anderes zu finden. Und wir haben noch nichts. – Nicht weniger dringlich als die Frage der Energiequellen erscheint die Errichtung einer allgemeinen Ökonomie der Produktion und der Arbeit auf der Erde, die mit der Errichtung einer rationalen Dynamik des Goldes einhergeht. Die finanziellen und sozialen Krisen haben es übernommen, uns daran zu erinnern, wie verworren noch unsere Theorien und wie barbarisch noch unsere Methoden in diesen Dingen sind. Wann aber wird man sich entschließen anzuerkennen, daß kein ernsthafter Fortschritt in diesen Richtungen verwirklicht werden kann, es sei denn unter zwei Bedingungen:

einmal, daß die vorgesehene Organisation international und letzten Endes total* sei; und zum zweiten, daß sie für einen sehr großen Ausstoß entworfen sei. Was heute unsere Wirtschaft und unsere Politik tötet, ist nicht nur ihre Hartnäckigkeit, mit der sie die Welt in dichte Abteilungen zerschneidet. Noch unheilvoller ist ihre Dickköpfigkeit, eine statische Form und ein statisches Ideal zu bewahren: Kreislauf des Austausches, dessen Vollkommenheit, so scheint es, darin bestehen soll, sich im Kurzschluß in sich selbst zu drehen. Im Gegensatz zu dieser Lehre vom geschlossenen Gleichgewicht muß eine allgemeine Theorie der Menschlichen Energie die Notwendigkeit eines wesentlichen Hineinragens unseres irdischen Tuns in die Zukunft sichtbar machen. Unwiderstehlich häuft die Noosphäre* in sich eine immer größere Spannung auf. Wir platzen, oder aber wir erdrücken uns gegenseitig vor Kraft. Diese Mühsal möchten wir uns noch dadurch erleichtern, daß wir die Kraft begrenzen. Ein unmöglicher und übrigens unmoralischer Versuch. Unsere Heilung liegt in der Entdeckung eines natürlichen und fruchtbaren Auswegs, über den wir die Überfülle leiten, die uns bedrückt. – Ein immer größeres Übermaß an freier Energie, die für immer umfassendere Eroberungen zur Verfügung steht. Das erwartet die Welt von uns, und das wird uns retten.

Und es fehlt nicht an Zielen, um auf sie rational diesen natürlichen Überschuß an Kraft abzulenken: Einrichtung und Gesundung der Kontinente, organisierter Kampf gegen die Krankheiten, kollektives Bemühen um Erkundung und Erforschung. Diesen letzten Punkt wollen wir betonen: er scheint mir die endgültige Lösung der durch die Nutzung der Menschlichen Energie gestellten Probleme zu enthalten.

Aus: Die Menschliche Energie. Peking, 20. Oktober 1937 (6, S. 180f.).

46 Arbeitslosigkeit

Arbeitslosigkeit. Dieses Wort, das in seinem oberflächlichsten und greifbarsten Aspekt die Krise definiert, durch die im Augenblick die Welt hindurchgeht, sagt zur selben Zeit die tiefe Ursache des Übels aus, das uns beunruhigt. Unbeschäftigt: die Menschheit hat von dem ersten Augenblick an begonnen, unbeschäftigt zu sein (oder zumindest sein zu können), da ihr neugeborener Geist* sich von der Wahrnehmung und dem unmittelbaren Tun löste, um im Bereich der fernen oder möglichen Dinge umherzuschweifen. Daß sie unbeschäftigt war (tatsächlich und vor allem theoretisch), hat sie eigentlich nicht gefühlt, solange ein überwiegender Teil ihrer selbst einer Arbeit unterworfen blieb, die den größten Teil ihres Leistungsvermögens beanspruchte. Daß sie unbeschäftigt ist, entdeckt sie an zahlreichen Symptomen, wie auch, daß sie nun immer unbeschäftigter zu werden droht; denn nachdem das Gleichgewicht zwischen den materiellen* Bedürfnissen und dem Produktionsvermögen endgültig zerbrochen ist, brauchte sie theoretisch nur mehr die befreiende Maschine laufen zu lassen und die Arme zu verschränken. – Die gegenwärtige Krise ist weit mehr als ein Engpaß, auf den zufällig ein besonderer Typus der Zivilisation gestoßen wäre. Unter kontingenten und lokalen Erscheinungsformen bringt sie das unausweichliche Ergebnis des Gleichgewichtsverlustes zum Ausdruck, der durch das Auftreten des Denkens in das tierische Leben hineingetragen wurde. Die Menschen wissen heute nicht, wozu sie die Kraft ihrer Arme verwenden sollen. Sie wissen vor allem nicht, auf welches universelle und endgültige Ziel hin sie den Elan* ihrer Seelen lenken sollen. Man hat bereits gesagt, allerdings ohne die Worte in ihrer Bedeutung tief genug zu erfassen: Die gegenwärtige Krise ist eine geistige Krise. Die materielle Energie* zirkuliert nicht mehr genug, weil sie keinen genügend starken Geist findet, der ihre Masse organisiert und mitrisse; und der Geist ist nicht stark genug, weil er beständig in ungeordneter Geschäftigkeit verpufft. Transponieren wir diese Termini unter Benutzung der im vorhergehenden Abschnitt gemachten Beobachtungen: Die gegenwärtige Menschheit zögert und leidet auf dem Gipfel ihrer Macht, weil sie ihren geistigen Pol nicht bestimmt hat. Ihr fehlt eine Religion.

Aus: Das Christentum in der Welt. Peking, Mai 1933 (9, S. 140f.).

47 Die Größe der Verantwortung

Welches muß unseres Erachtens die einzige legitime Auswirkung der evolutionistischen* Anschauungen auf einen zutiefst von ihrer Wahrheit überzeugten Menschen sein?

Vor allem erfährt dieser Mensch, wie sich vor ihm die Größe seiner Verantwortung fast bis zum Unendlichen steigert. Er, der sich bisher in der Natur für ein sich dort nur kurz aufhaltendes, örtlich begrenztes, akzidentelles Wesen halten konnte, frei, auf seine Kosten den Lebensfunken zu vergeuden, der ihm zugefallen ist, er erkennt plötzlich im Grunde seiner selbst den erschreckenden Auftrag, den Reichtum einer Welt zu bewahren, zu vermehren, weiterzugeben. Sein Leben* hat in einem wahren Sinne aufgehört, ihm allein zu eigen zu sein. Mit Leib und Seele emergiert* er aus einer ungeheuren schöpferischen Arbeit, an der die Totalität* der Dinge seit immer schon mitgewirkt hat; und wenn er sich der ihm zugewiesenen Aufgabe entzieht, wird etwas von diesem Bemühen für immer verloren sein, und es wird der ganzen Zukunft fehlen. Oh! die heilige Wallung des Atoms, das im Grunde seiner selbst das Antlitz des Universums* entdeckt... Welch wunderbares Gemurmel, vermöchten wir es zu vernehmen, in diesem zahllosen Seufzen, das unsere Geburt vorbereitet hat, vermengt mit den zahllosen Rufen, die zu uns aus der Zukunft herabkommen. Zu einem winzigen, aber wirklichen Teil liegt der Erfolg der gewaltigen Sache, des unermeßlichen universellen Gebärens in den Händen des Geringsten unter uns. Das sind die heiligen Worte, die jeder Mensch zu sagen versuchen kann, die aber auszusprechen der Evolutionist mehr als jeder andere in Wirklichkeit das Recht hat. Weil in seinen Perspektiven jede juridische und nominelle Beziehung zwischen Elementen der Welt organischen und natürlichen Zusammenhängen Platz gemacht hat, haben die Bedeutung und der Ernst des Lebens für ihn einen neuen Wert gewonnen. Seine Augen sind für die Größe des Universums empfänglicher geworden; und zugleich hat sich sein Herz mühelos dem Atem der Liebe geöffnet.

Aus: Die Grundlagen und der Kern des Evolutionsgedankens. Golf von Bengalen, Christi Himmelfahrt 1926 (3, S. 201 f.).

X »Ein Gefühl, das überwunden werden muß: die Hoffnungslosigkeit« Das Ende der Welt und die außerirdischen Wesen

Teilhard hat in kritischen Situationen seines Lebens eine entscheidende Erfahrung gemacht, die sich mit Beobachtungen an der Evolutionsgeschichte deckt: Das Leben erreicht nicht die nächste Stufe der Entwicklung, wenn es aus irgendeinem Grund seinen Elan verliert oder auf der Stufe des bewußten Lebens resigniert. Während Irrwege evolutionsbedingt und korrigierbar sind, da die Entwicklung durch tastendes Suchen vorangeht, stirbt die Evolution, wenn das Leben sich erschöpft oder nicht mehr an sich glaubt.

Angesichts dieser Möglichkeiten des Scheiterns erfaßt den Menschen eine panische Existenzangst. Sie ist für Teilhard ein untrügliches Zeichen dafür: der Mensch und in ihm das ganze Universum sind zum Überleben bestimmt (Text 48). Absolute Hoffnungslosigkeit ist darum unmenschlich und oft das Produkt von Ungeduld angesichts der ungeheuren Zeiträume, in denen die Evolution voranschreitet. Das gilt auch noch für die Menschheitsgeschichte trotz der bei ihr festzustellenden Beschleunigung im Vergleich zu den vorangegangenen Entwicklungsphasen (Text 49).

Auch darf man die weitere Entwicklung der Menschheit nicht in der falschen Richtung suchen. Sie liegt nicht im materiellen, sondern im geistigen und gesellschaftlichen Bereich. Dort scheint die Zukunft gerade erst begonnen zu haben und ist imstande, in der Menschheit neue Energien freizusetzen (Text 50) und sie von den Fesseln zu befreien, die sie sich durch ein statisches Denken und Verhalten selbst angelegt hat (Text 51).

Trotzdem ist mit zunehmender Entwicklung der Menschheit auf ihr Endstadium hin die Gefahr des Schei-

terns nicht gänzlich behoben. Da die Evolution im Menschen auf immer größere Selbstbestimmung zielt, ist eine Endkatastrophe wenigstens für einen Teil der Menschheit nicht mit absoluter Sicherheit auszuschließen. Der Mensch kann sich gegenüber dem verweigern, wonach er sich im tiefsten Wesen sehnt: nach restloser Erfüllung durch eine alles umfassende Liebe im Punkt Omega (Text 52). Teilhard persönlich war jedoch davon überzeugt, daß die göttliche Dimension des Lebens die meisten, wenn nicht alle Menschen letztlich doch für sich gewinnen wird.

Das Schicksal jedes einzelnen wie der gesamten Menschheit, wie immer es auch ausgehen mag, verliert zwar nicht an Bedeutung, aber doch an Exklusivität bei dem nicht absurden Gedanken: Es existieren noch weitere Welten mit uns vergleichbaren »Menschheiten«, alle auf dem Wege zu dem gemeinsamen Punkt Omega, dessen Nähe und Unendlichkeit uns zugleich erschreckt und fasziniert (Text 53).

48 Eine dreifache Angst

In dem Maße, wie wir uns unter dem wachsenden Druck der menschlichen Totalisation* immer mehr dahin geführt sehen, nicht mehr nur in der Größenordnung der Gesellschaft, sondern in den Dimensionen der Art zu denken und zu fühlen, steigen drei wesenhafte Ängste (verschiedene Symptome ein und desselben Wunsches nach Überleben und Super*-Leben*) in uns und um uns herum wie ein Schatten auf.

Zunächst die Angst, in einer Welt *verloren* zu sein, die so groß und so voller gleichgültiger oder feindlicher Wesen ist, daß das Menschenwesen darin entschieden nichts mehr zu bedeuten scheint.

Dann die Angst, von jetzt ab und für immer *auf die Immobilität zurückgeworfen* zu sein – gefangen, wie wir es sind, in einer zoologisch so stabilisierten Gruppe, daß, selbst wenn die Welt ihrer Natur nach auf einen Bewußtseinsgipfel* gerichtet sein sollte, wir infolge der biologischen Erschöpfung unserer Art es aufgeben müßten, je diesen Gipfel zu erreichen.

Schließlich die Angst, im Inneren einer unheilbar abgeschlossenen Welt *eingeschlossen,* eingekerkert zu sein, in der die Menschheit, selbst wenn sie im Augenblick weder verloren noch zum Stillstand gekommen wäre, morgen, im Scheitel ihrer Bahn angelangt, einer unüberwindbaren Schranke der Reversibilität nicht auszuweichen vermöchte, die sie zwänge, nach hinten zurückzufallen.

Angst, sich niemandem vernehmbar machen zu können. Angst, sich nicht mehr bewegen zu können. Angst, nicht hinaus zu können...

Eine dreifache Angst, die im Herzen jedes denkenden Elements des Universums* dasselbe hartnäckige Wollen verrät, unterschieden, vollendet, gerettet zu werden.

Aus: Die Besonderheiten der menschlichen Art. New York, 25. März 1954 (2, S. 277f.).

49 Unermeßlichkeit um uns

Ein Gefühl, das überwunden werden muß: die Hoffnungslosigkeit. Die Mode des Skeptizismus, den die »aufgeklärten« Leute heutzutage, wenn sie die Menschheit betrachten, zur Schau tragen, ist nicht in einer bloßen Vorstellung begründet. Selbst wenn der Geist* die intellektuellen Schwierigkeiten einer Erfassung des Kollektiven und einer Schau in der Raum-Zeit überwindet, bleibt noch immer eine andere Art vielleicht ernsteren Zweifels bestehen, der sich an die scheinbare Zusammenhanglosigkeit der gegenwärtigen Menschenwelt knüpft. Das

19. Jahrhundert hatte in der Hoffnung gelebt, das gelobte Land zu betreten. Schon meinte es, ein neues goldenes Zeitalter beginne, erleuchtet und geleitet durch die Wissenschaft, erfüllt von Brüderlichkeit. Statt dessen gelangen wir jetzt in immer tiefere und immer tragischere Zwistigkeiten. Ein erdumfassender Geist mag in der Theorie möglich, ja sogar wahrscheinlich erscheinen, aber er widerspricht der Erfahrung. Nein, niemals wird es dem Menschen gelingen, durch Einigung* mit sich selbst den Menschen zu überwinden. Dies ist eine Utopie, die man so schnell wie möglich aufgeben muß. Nichts weiter.

Zur Erklärung oder Vermeidung des Anscheins eines Mißerfolges, der in Wirklichkeit nicht nur das Ende eines schönen Traumes bedeuten, sondern uns wieder zur Annahme einer radikalen Absurdität des Universums führen würde, kann man zunächst einmal bemerken, daß es sicher voreilig ist, in solchen Dingen bereits von Erfahrung – von erfahrungsmäßigen Resultaten – zu sprechen. Wie denn! Das Leben* benötigte eine halbe Million, vielleicht eine Million von Jahren, um von den Prähominiden zum modernen Menschen zu gelangen; und weil dieser moderne Mensch noch zu kämpfen hat, um von sich selbst sich loszulösen, nachdem er vor kaum zwei Jahrhunderten einen höheren Zustand vorausgeahnt hat, sollten wir schon beginnen zu verzweifeln? Dies wäre nochmals ein Irrtum in der Perspektive. Ein erster Schritt führte uns zur Erkenntnis der Unermeßlichkeit um uns, hinter und vor uns. Doch wenn sich zu dieser Wahrnehmung der Tiefe nicht die der Langsamkeit gesellt, bleibt die Transponierung der Werte begreiflicherweise unvollständig, und es kann sich unserer Betrachtung nur eine unmögliche Welt ergeben. Jeder Größenordnung ihren Rhythmus. Der planetarischen Bewegung deshalb planetarische Majestät. Schiene uns die Menschheit nicht bewegungslos, wenn sich nicht hinter ihrer Geschichte die ganze Dauer der Vorgeschichte abzeichnete? Trotz der fast explosiven Beschleunigung der Noogenese* auf unserer Stufe können wir nicht damit rechnen, während der Dauer einer Generation Augenzeugen einer Umwandlung der Erde zu sein. Seien wir nicht so ungeduldig und beruhigen wir uns!

Trotz des gegenteiligen Anscheins ist es sehr wohl möglich, daß die Menschheit um uns in diesem Augenblick fortschreitet (zahlreiche Anzeichen lassen vernünftigerweise auf ihren Fortschritt* schließen): doch wenn es der Fall ist, dann kann es nur geschehen wie alles wirklich Große, das heißt fast unmerklich.

Aus: Der Mensch im Kosmos. Peking, 1938–1940 (1, S. 261 f.).

50 Die Organisationsenergien entwickeln

Schlüssel für die Zukunft: wenn es nämlich wahr ist – wissenschaftlich wahr –, daß sich der Mensch seit einigen hunderttausend Jahren unaufhörlich auf ständig wachsende Zustände der Organisation und des Bewußtseins* zubewegte (ohne je als Ganzes rückwärts zu gehen und immer an der Spitze des Lebens*), dann haben wir keinerlei Grund anzunehmen, die Bewegung sei jetzt zum Stillstand gekommen. Ganz im Gegenteil: [...] die *Sapiens*-Gruppe um uns herum [ist] noch im vollen Aufschwung (um nicht zu sagen, in der ersten Jugend) ihrer Entwicklung. So werden auf einer soliden wissenschaftlichen Grundlage unsere Hoffnungen und unser moderner Glaube an einen menschlichen Fortschritt* gerechtfertigt und präzisiert. Nein, gewiß ist die Anthropogenese* nicht abgeschlossen. Die Menschheit schreitet noch immer voran; und sie wird wahrscheinlich noch viele hunderttausend Jahre hindurch weiter voranschreiten, *unter der Bedingung* allerdings, daß wir *dieselbe Marschlinie wie unsere Vorläufer* zu immer mehr Bewußtsein und Komplexität* *einhalten* können.

Was den Faktor ›Zerebralisation‹ betrifft, ist es durchaus möglich (wenn auch nicht evident), daß wir, da das menschliche Gehirn im *Homo sapiens* das Maximum an physikalisch-chemischer Komplexität erreicht hat, das durch die Gesetze der Materie* für einen einzelnen Organismus erlaubt ist, nicht viel weiter voranschreiten können. In diesem Fall müßte man sagen, daß der Mensch anatomisch und individuell endgültig stabilisiert ist.

Doch in der Richtung der kollektiven Organisation oder Sozialisation [...] haben wir uns, wenn überhaupt, eben erst in Bewegung gesetzt. In diesem Bereich ist unsere körperliche und geistige* Zukunft fast unbegrenzt; und (das hier ist etwas, was unser Bemühen aufs äußerste anzureizen vermag!) sie liegt in hohem Maße aufgrund eben ihrer Natur in unserem Kopf und in unseren Händen.

Das ist der Punkt, an dem wir uns also objektiv und wissenschaftlich im gegenwärtigen geologischen Augenblick auf dem Planeten befinden.

Zu viele Leute stellen sich vor, die Vorgeschichte erniedrige und lenke unsere Augen gefährlich nach unten und nach hinten ab, auf das bedrückende Schauspiel einer tierischen ›Unter-Menschheit‹ hin. Ganz im Gegenteil, ihre wahre Wirkung besteht darin, daß sie unseren Blick zwingt, sich nach oben und nach vorn zu wenden, in der Erwartung einer ›Über*-Menschheit‹, von der wir erst eines sagen können: daß sie sich nur bilden kann, wenn wir in uns selbst die außerordentlich mächtigen Organisationsenergien bis ans Ende entwickeln, die durch eine zwischenmenschliche Sympathie* und die Kräfte der Religion freigesetzt werden.

Aus: Die Frage des fossilen Menschen. Peking, 1943 (2, S. 171 f.).

51 Diese angeblich ›ehernen Gesetze‹

Unter dem Banner des Realismus (wenn nicht gar der Metaphysik) ruft man uns unaufhörlich in Erinnerung, der Mensch sei von Natur aus in einer bestimmten Zahl von Kreisen gefangen, die er nie zu zerbrechen vermöge: ewiger Konflikt zwischen dem Herrn und dem Sklaven – organische Notwendigkeit der Kriege – funktionelle Unvorstellbarkeit einer nicht in sich geteilten Menschheit ... was weiß ich noch alles? ... Wie aber daran vorbeisehen, daß alle diese angeblich ›ehernen Gesetze‹, um ihren Immobilismus und ihren Pessimismus zu rechtfertigen, systematisch die Möglichkeiten einer *das psychologische Milieu modifizierenden* Transformation* ignorieren, in dem sich bisher die Geschichte entwickelt hat! In der Geometrie wird die in der Ebene nicht zu verwirklichende Überlagerung zweier symmetrischer Figuren ganz einfach ›im Dreidimensionalen‹. Im Physischen ist jeder Effekt nur bei einer angemessenen Temperatur möglich. Gleichermaßen, wenn *in diesem Augenblick* von einer universellen menschlichen Organisation zu sprechen eine Utopie zu sein scheint (und wahrscheinlich wirklich *ist*), wer sagt uns, daß diese Operation sich morgen nicht ganz von selbst vollzieht, – wenn der Mensch durch verallgemeinerte Evidenz seiner phyletischen Konvergenz* zu einer noch ungeahnten Form des ›Sinnes für die Art‹ getragen sein wird.

Man verstehe mich hier richtig. Wenn ich von einer *geeinmütigten* Menschheit spreche, dann hat das, woran ich denke, nichts mit einer Art behaglicher oder tugendsamer Euphorie gemein. Wie ich sogleich besser darlegen werde, kann eine Hominisation* durch Konvergenz* nur im Paroxysmus* enden. Auch wenn sie durch das endlich aktuierte Bewußtsein* ihrer gemeinsamen Bestimmung in sich kohäriert*, wird also die Menschheit morgen, sei es in ihrem Bemühen, die sie erwartende Einheit* zu definieren und zu formulieren, sei es in der Wahl und in der Anwendung der am besten geeigneten Mittel, um dieses Ziel zu erreichen, wahrscheinlich noch heftigere innere Konflikte durchmachen als diejenigen, die wir kennen. Doch diese Spannungsphänomene haben, gerade weil sie sich in einem sehr viel stärker auf die Zukunft hin polarisierten menschlichen Milieu entwickeln werden, als wir es uns jetzt noch vorstellen können, eine große Chance, die unseren jetzigen Kämpfen eigentümliche sterile Bitterkeit zu verlieren. Gar nicht davon zu reden, daß in einer solchen Atmosphäre der ›Kon-Spiration‹ bestimmte Prozesse von universellem Charakter als verwirklichbar betrachtet werden können, von denen keine Rede sein kann beim heutigen Stand psychischer Uneingegliedertheit, in dem wir noch dahinvegetieren:

– so die froh von allen Angehörigen der Art bejahte Annahme bestimmter allgemeiner Maßnahmen, die durch irgendeine edle Form ›gelenkter Selektion‹ hundertfach korrigieren: einerseits die beunruhigenden physischen und geistigen* Unordnungen, die in unserer Gesellschaft durch die (unendlich wünschenswerte, jedoch heute noch *nicht kompensierte!...)* Reduzierung der Kräfte natürlicher Selektion *entfesselt wurden; und andererseits die enttäuschenden Auswirkungen der Anti-Selektion,* die mit einer mehr oder weniger bejahten Sterilität der Eliten zusammenhängen; – oder auch eine spontane Neigung der Individuen, an den entsprechenden Punkten einer immer anspruchsvolleren und differenzierteren* Noosphäre* ihre besondere Form von ›Genie‹ und Tatkraft einzusetzen und anzuwenden;

– oder schließlich ein Bemühen aller, dem industrialisierten Gesicht der Erde, das in diesem Augenblick durch eine barbarische Plünderung der Natur entstellt ist, eine neue Schönheit zu verleihen.

Aus: Die Besonderheiten der menschlichen Art. New York, 25. März 1954 (2, S. 342–345).

52 Zurückweisung oder Annahme von Omega

Über den physischen und psychischen Zustand, in dem sich unser Planet beim Nahen seiner Reifezeit befinden wird, können wir zwei fast gegenteilige Arten von Vermutungen anstellen.

Nach einer ersten Hypothese, die Ausdruck der Hoffnungen und eines Ideals ist, auf das wir unsere Bemühungen auf jeden Fall lenken müssen, wird das Übel im Endzustand der Erde auf ein Mindestmaß beschränkt sein. Krankheit und Hunger werden von der Wissenschaft überwunden sein; wir werden sie, zumindest in ihren ärgsten Formen, nicht mehr fürchten müssen. Auch Haß und innere Kämpfe werden, überwunden von der Bestimmung der Erde und der Menschheit, unter den immer wärmeren Strahlen von Omega* verschwunden sein. Eine gewisse Übereinstimmung wird in der ganzen Masse der Noosphäre* herrschen. Die endgültige Konvergenz* wird sich *im Frieden* vollziehen. Ein derartiger Ausklang stünde gewiß in bester Übereinstimmung mit der Theorie.

Doch es ist ebenfalls möglich, daß das Böse zugleich mit dem Guten wächst – einem Gesetz zufolge, das in der Vergangenheit ausnahmslos waltete – und daß es am Ende gleichfalls seinen Höhepunkt erreicht, und zwar auch in einer besonderen und neuen Form.

Keine Höhen ohne Tiefen.

Die Menschheit wird auf Grund ihrer inneren Kohäsion* ungeheure Kräfte entwickeln. Es ist möglich, daß diese Energie* morgen, ebenso wie gestern und heute, im Widerstreit wirkt. Mechanisierende Synergie unter dem Zwang brutaler Kraft? Oder Synergie in der Sympathie*? Der Mensch, der sich kollektiv in sich zu vollenden sucht? Oder persönlich durch einen Größeren als er? Zurückweisung oder Annahme von Omega? ... Ein Konflikt kann entstehen. In diesem Fall könnte sich die Noosphäre, gerade durch den Verlauf und die Auswirkung ihres Sammlungsprozesses, an dem Punkt, wo sie sich einigen* sollte, in zwei Zonen spalten, die jeweils von einem entgegengesetzten Pol der Anbetung angezogen würden. Dann würde das Denken auf Erden niemals völlig mit sich einig. Die universelle Liebe würde dann schließlich nur einen Teil der Noosphäre beleben und loslösen, um ihn zu vollenden – denjenigen, der sich entscheiden würde, den »Sprung« aus sich selbst in den andern zu wagen. *Noch ein letztes Mal die Verzweigung.*

Nach dieser zweiten Hypothese, die den überlieferten Apokalypsen besser entspricht, würden vielleicht um uns drei Kurven zugleich in die Zukunft aufsteigen: unvermeidliche Verminderung der organischen Möglichkeiten der Erde; inneres Schisma des Bewußtseins, das durch zwei entgegengesetzte Ziele der Evolution immer mehr gespalten wird; positive Anziehungskraft, die das Zentrum* der Zentren auf das Herz derjenigen ausübt, die sich ihm zuwenden. Die Erde könnte an dem dreifachen Ziel enden, in dem diese drei Kurven durch ein Zusammentreffen, das den Verhaltensweisen des Lebens* gut entsprechen würde, einander begegnen, und zu gleicher Zeit ihren Höhepunkt erreichen.

Tod des materiell* erschöpften Planeten; Spaltung der Noosphäre in der Wahl der Form ihrer Einheit; zugleich – was dem Ereignis seine ganze Bedeutung und seinen ganzen Wert gibt – Befreiung jenes Teils des Universums, dem es gelungen ist, durch Zeit, Raum und Übel hindurch seine Synthese mühevoll bis ans Ende durchzuführen.

Kein unbegrenzter Fortschritt* – die konvergente Natur der Noogenese* widerspricht einer solchen Hypothese; aber eine Ekstase, die über die Ausmaße und den Rahmen des sichtbaren Universums hinausführt.

Ekstase in Eintracht oder Zwietracht; aber in beiden Fällen aus Übermaß der inneren Spannung.

Das allein angemessene und denkbare biologische Ende des Phänomens Mensch.

Aus: Der Mensch im Kosmos. Peking, 1938–1940 (1, S. 298–300).

53 Millionen durch die Himmel verstreute Menschheiten

Wenn wirklich im Universum* die Proteine (hierin jedwedem einfachen Körper der Chemie gleich) auftreten, sobald sie können und wo immer sie können...

Und *wenn* das Leben*, hat es sich einmal auf einem Gestirn festgekrallt, sich nicht nur ausbreitet, sondern auch noch so weit und so hoch wie möglich fortsetzt (das heißt bis zur »Hominisation«*, wenn es kann)...

Und *wenn* es darüber hinaus Tausende von Millionen Sonnensysteme in der Welt gibt, in denen das Leben gleiche Chancen hat, zu entstehen und sich zu hominisieren...

Wie soll man dann nicht in unserem Denken die unausweichliche Schlußfolgerung auftauchen sehen, daß sich, wenn wir zufällig für die spezifische Strahlung der im Raume verstreuten »Noosphären«* empfindliche Platten besäßen, ein Staub von denkenden Gestirnen *beinahe gewiß* vor unseren Augen materialisierte*.

Zur Zeit Fontenelles konnte man mit der noch rein willkürlichen Idee der Pluralität der bewohnten Welten spielen. Doch nunmehr haben sich die Gewichte verschoben.

Durch gleichzeitige Fortschritte* unserer physischen und biologischen Erkenntnisse stellt sich, was zur Zeit Ludwigs XIV. noch einfache Vorstellung war, uns heute im 20. Jh. als die *wahrscheinlichste und bei weitem wahrscheinlichste* Alternative dar.

Mit anderen Worten angesichts dessen, was wir heute über die Zahl der »Welten« und ihre innere* Evolution* wissen, ist die Idee *eines einzigen* hominisierten *Planeten* innerhalb des Universums faktisch (wenn wir auch im allgemeinen nicht darauf achten) bereits fast ebenso *undenkbar* geworden wie die eines ohne genetische Beziehungen zu den übrigen Lebewesen der Erde aufgetretenen Menschen.

Im Mittel (und zwar mindestens) eine Menschheit je Milchstraße; das heißt insgesamt Millionen durch die Himmel verstreute Menschheiten...

Aus: Die Vielheit der bewohnten Welten. New York, 5. Juni 1953 (10, S. 274 f.).

Erläuterungen der mit einem Stern (*) versehenen Grundbegriffe

Für diese Erläuterungen wurde vor allem herangezogen das zweibändige Werk von Adolf Haas: Teilhard de Chardin-Lexikon. Grundbegriffe – Erläuterungen – Texte. Verlag Herder, Freiburg i. Br., 1971. Mit Sternchen versehen sind nicht nur die hier aufgeführten Grundworte, sondern auch deren Ableitungen.

Affinität: Die vereinigende* Kraft der Liebe.

Analogie: Erkenntnis durch Vergleich von zwei Größen, von denen eine bekannter ist als die andere und beide sowohl Ähnlichkeiten wie Unähnlichkeiten aufweisen.

Anthropogenese: In der Evolution* das zentrale Ereignis der »Mensch-Werdung«, die noch nicht abgeschlossen ist, sondern sich vor allem im Bereich des Sozialen fortsetzt und im Punkt Omega* gipfelt.

Bewußtsein: Die Innenseite* allen Seins, die sich in der anorganischen Materie* am wenigsten, im menschlichen Geist* als Selbst-Bewußtsein* am deutlichsten zeigt und zu immer tieferer Vereinigung* aller Wesen drängt in Freiheit (Selbstbestimmung) und Liebe (Selbsthingabe).

Determinismus: Die Gesetzlichkeiten, die etwas in seinem Sein und Verhalten festlegen. Nach Teilhard ist der Determinismus an den beiden Enden der Evolution* am ausgeprägtesten, als Naturgesetz und als Moralgesetz: »Unten ein Sturz in das Wahrscheinliche durch Mangel an Freiheit – oben ein Aufstieg ins Unwahrscheinliche durch Triumph der Freiheit.«

Differenzierung: Die Entfaltung der jeweiligen Eigenart eines Elements im Prozeß der Vereinigung* mit anderen.

Divergenz: Die Entfaltung eines Elements und seine Absonderung von anderen mit der Tendenz nachfolgender *Konvergenz:* Annäherung an die anderen.

Einheit, Einigung: siehe *Vereinigung*.

Einrollung: Der Prozeß der Verinnerlichung* des Weltstoffes vom Einfachen zum Komplexen*, vom Materiellen* zum Geistigen*, vom Individuellen zum Sozialen, vom Bewußten* zum Selbstbewußten, vom Gesetz zur Freiheit, von der Anziehung zur Liebe.

Elan: In der Evolution der Schwung und die Strömung, die sich am deutlichsten in den Lebewesen* zeigen (élan vital).

Emergenz: In der Evolution* das »Auftauchen« neuer Eigenschaften (Leben*, Geist*), die nicht aus früheren voll ableitbar sind.

Energie: Der Grundstoff und die Bindungskraft des Universums*. Nach Teilhard existieren zwei Grundformen: *die tangentiale Energie,* die die materielle* Außenseite der Elemente aufbaut und sie zum Gegenstand der Naturwissenschaft konstituiert, und die *radiale Energie,* die die Elemente von Innen* her zu immer größerer Vereinigung* treibt und sich am deutlichsten in der Liebe manifestiert.

Evolution: Zunächst der Entwicklungszusammenhang der Lebewesen*, dann des Universums* überhaupt als eines Prozesses, der sich von der bloßen Materie* als Vielheit* auf den Punkt Omega* als den Gipfel der

Vereinigung* hinbewegt, wobei der Prozeß in der Menschheit sich selbst steuert und auch mißlingen kann.

Extrapolation: Das »Ausziehen« von Linien über feste Punkte hinaus; das Übertragen von Erkenntnissen von einem bekannten und überprüfbaren Bereich auf einen benachbarten, analogen*, weniger bekannten oder auch nur vermuteten Bereich.

Fortschritt: Das Streben nach mehr Sein, mehr Freiheit, mehr Liebe, das mehr Wissen und mehr sympathische* Kräfte voraussetzt und im Menschen den Forschungsdrang auslöst. Nach Teilhard ist der Fortschritt das Gesetz, unter dem die Evolution* des Universums* steht, bis es sein Ziel im Punkt Omega* erreicht hat.

Geist: In der Evolution das im Menschen zu sich selbst kommende Bewußtsein*, das die Innenseite* des Universums* ausmacht und Selbsterkenntnis, Selbstbestimmung (Freiheit) und Selbsthingabe (Liebe) ermöglicht.

Hominisation: siehe *Anthropogenese*.

Humanum: In der Evolution* das zentrale Element zwischen dem Unter-Menschlichen und dem Über*-Menschlichen. Im Menschlichen fällt die Entscheidung über den weiteren Verlauf der Evolution*.

Innen: Dem materiellen* Außen der Dinge entspricht eine immaterielle Innenseite, deren radiale Energie* die Einigung* des Universums* anstrebt und im Bewußtsein* des Menschen zu sich selbst kommt.

Integration: In der Evolution* wird das eine durch das andere oder durch die nächsthöhere Stufe nicht vernichtet, auch nicht einfach abgelöst, sondern transformiert* und integriert: verwandelt und aufgenommen.

Kollektivisation, Kollektivierung: In der Evolution* der Prozeß der Vereinigung* der einzelnen Elemente zu größeren Einheiten bei gleichzeitiger Differenzierung* der Elemente.

Komplexität: Die Eigenschaften des Grundstoffes des Universums*, sich zu immer neuen, höheren Einheiten* zu gruppieren, die zentriert* sind und zu wachsender Selbständigkeit tendieren. Die Komplexität hat im Menschen ihre bisher stärkste Ausprägung gefunden.

Konvergenz: siehe *Divergenz*.

Kosmogenese: Das »Werden des Kosmos« aus dem anorganischen Stoff über die Lebewesen bis hin zum Menschen, der zum Über*-Menschlichen (Punkt Omega*) unterwegs ist.

Leben: Die Strömung des Universums*, die immer komplexere* Energiezentren* aufbaut mit der Fähigkeit zu Fortpflanzung, Selbststeuerung und Selbstbewußtsein (im Menschen).

Materie: Als Grundstoff der Evolution* ist sie die am wenigsten zentrierte* und am wenigsten Bewußtsein* zeigende Vielheit* des Universums*. Im Laufe seiner Entwicklung wird die Vielheit der Materie in immer höhere Einheiten* integriert, wobei sich immer mehr Bewußtsein zeigt bis hin zum menschlichen Geist*, der trotz der evolutiven Tendenz zur Vergeistigung an die Materie gebunden bleibt.

Noogenese: In der Evolution* das »Werden des Geistes« als einer kosmischen Größe, die ihre Vollendung im Punkt Omega* sucht.

Noosphäre: Die »Schicht des Geistes«, die sich oberhalb der Lebenssphäre* (Biosphäre) über die ganze Erde erstreckt und auf weitere Vereinigung* in Freiheit und Liebe drängt.

Omega: Der göttliche Brennpunkt an der Spitze des Universums*, auf den alle Evolution* zielt und der zugleich im Innern* eines jeden Elements des Universums als radiale Energie* wirksam ist. Im Punkt Omega erreicht die Personalisation* des Universums ihre Vollendung, das Höchstmaß an Bewußtsein* und Liebe.

Paroxysmus: Der kritische Punkt in der weiteren Evolution* der Menschheit (Anthropogenese*), in dem durch eine besondere Anstrengung der Durchbruch zu einer höheren Entwicklungsstufe gelingt.

Personalisation: Die Evolution* zielt nach Teilhard auf die Herausbildung von Personalem, das heißt zunächst auf Zentren* mit Selbstbewußtsein, Selbstbestimmung und der Fähigkeit zur Selbsthingabe, wie es sich im Menschen zeigt. Darauf folgt die weitere Herausbildung von immer umfassenderen personalen Zentren (Gemeinschaften) bis hin zum Punkt Omega*, in dem sich das ganze Universum* als durch Gott personalisiert offenbart.

Planetisation: Der unausweichliche globale Zusammenschluß der Menschen, der nicht auf Vermassung, sondern auf Personalisation* der Gesamtmenschheit zielt und im Punkt Omega* gipfelt.

Radial: siehe *Energie, radiale*.

Reflexion: Die das Bewußtsein* des Menschen auszeichnende Eigenschaft des Selbst-Bewußtseins, Ich-Bewußtseins und dadurch die Fähigkeit, das Nicht-Ich, das Fremde und Andere als solches zu erkennen. Die Evolution* erfordert die Ko-Reflexion, das Wir-Bewußtsein, um die Begrenztheiten des Ich-Bewußtseins zu überwinden, und zielt auf Teilnahme an dem göttlichen Universalbewußtsein im Punkt Omega*.

Super-: Bezeichnet die »Über«-legenheit eines Elements an Sein und Wert, nicht einen Unterschied der Natur, sondern einen höheren Grad der Verwirklichung oder Wahrnehmung.

Sympathie: In der Evolution* die affektiven Einigungskräfte* des Universums*, die in der Anziehung der Herzen, in der Liebe ihre höchste Ausprägung finden.

Synthese: Der Aufbauprozeß der Evolution* zu immer komplexeren* Elementen bis hin zur Vereinigung* des Universums* im Punkt Omega*.

Tasten: Die Art und Weise, wie das Universum* voranschreitet zu höherer Komplexität* und höherem Bewußtsein*: durch »tastendes« Suchen, eine Kombination aus statistischem Zufall und Richtung nach einem angestrebten Ziel (»geplanter Zufall«). Dank der verschwenderischen Vermehrung der Individuen und Zweige eines Stammes »ertasten« diese die neuen, durch Erbänderungen (Mutationen) gebotenen Möglichkeiten und bauen sie bei Erfolg in den Lebensprozeß ein.

Totalisation (Totalität): Der Prozeß (das Ergebnis) der Ganzwerdung des Universums* durch die einigende* und differenzierende* Energie* der Liebe. (Nicht zu verwechseln mit »Totalitarisation«, die Ganzheitsbewegung totalitärer Gebilde, in der die Personalisation unterdrückt wird durch Totalitarismus.)

Transformation: In der Evolution* die Umbildung der Arten und andere tiefgreifende Wandlungen, wobei sich Kontinuität und Diskontinuität, Bleibendes und Veränderungen verbinden.

Über-: siehe *Super-*

Ultra-: Ein Zustand der Wirklichkeit, der sich durch Transformation aus einem früheren Zustand ergibt und sowohl Kontinuität als auch Neuheit erkennen läßt.

unio creatrix: Die schöpferische Vereinigung*.

Universum: Das raum-zeitliche System des Alls, dessen Innenseite* organisch-psychischer Natur ist. In der Evolution rollt* es sich ein und verinnerlicht sich, bis es im Punkt Omega* seine höchstmögliche Vereinigung* erreicht.

Vereinigung: In der Evolution* bedeutet Mehrsein, sich mit mehr vereinigen*, doch so, daß sich die Einzelelemente dadurch selbst mehr entfalten (differenzieren*). Die höchste Vereinigung ist die Liebe zwischen Personen, weshalb das Universum vollendet ist, wenn es sich personalisiert* und mit Gott im Punkt Omega* vereinigt hat.

Vielheit: Der Gegenpol zur Einheit*, Grund und Ursprung des Übels, Kennzeichen der bloßen Materie*, des »Nichts«.

Zentrum: Der Grad der Vereinigung* und Verinnerlichung* eines Elements, der dynamische Brennpunkt, der sich im Laufe der Evolution* verändert. Die Evolution des Universums* verläuft von der bloßen Materie*, dem durch Vielheit* gekennzeichneten Nichts, bis zu Gott, dem Zentrum der Zentren.

Quellenverzeichnis

Die Texte wurden mit freundlicher Genehmigung der Verlage entnommen aus

1: Der Mensch im Kosmos. Übersetzt von Othon Marbach. Verlag C. H. Beck, München (1959).

Ferner aus den folgenden, alle im Verlag Walter, Freiburg und Olten, erschienenen Bänden der Werkausgabe:

2: Das göttliche Milieu. Ein Entwurf des inneren Lebens. Übersetzt von Josef Vital Kopp (1962).
3: Das Auftreten des Menschen. Übersetzt von Lorenz Häflinger und Karl Schmitz-Moormann (1964).
4: Die Schau in die Vergangenheit. Übersetzt von Joseph Bader, Helmuth Stechl und Karl Schmitz-Moormann (1965).
5: Die Zukunft des Menschen. Übersetzt von Lorenz Häflinger und Karl Schmitz-Moormann (1963).
6: Die Menschliche Energie. Übersetzt von Karl Schmitz-Moormann (1966).
7: Die lebendige Macht der Evolution. Übersetzt von Karl Schmitz-Moormann (1967).
9: Wissenschaft und Christus. Übersetzt von Karl Schmitz-Moormann (1970).
10: Mein Glaube. Übersetzt von Karl Schmitz-Moormann (1972).

In der Quellenangabe nach jedem einzelnen Text findet sich in Klammern der Hinweis auf die obigen Bände, z. B. nach Text 1 die Klammer (3, S. 205 f.). Sie ist wie folgt zu lesen: Band 3 der oben genannten Bücher, S. 205 und folgende Seite.

Pierre Teilhard de Chardin

Günther Schiwy
Teilhard de Chardin
Sein Leben und seine Zeit
Band 1: 1881 – 1923
Band 2: 1923 – 1955
1981. 2 Bände im Schuber.
Zusammen 667 Seiten. Mit zahlreichen Abbildungen.
Gebunden zusammen DM 72,–

Kösel-Verlag

Die Zukunft ist unsere Sache

Denis de Rougemont:
Die Zukunft ist unsere Sache
dtv 10740

Jürgen Dahl/Hartmut Schickert (Hrsg.):
Die Erde weint
Frühe Warnungen vor der Verwüstung
dtv 10741

Erich Fromm:
Die Revolution der Hoffnung
Für eine Humanisierung der Technik
dtv 15035

P. Teilhard de Chardin:
Das Tor in die Zukunft
Ausgewählte Texte zu Fragen der Zeit
dtv 10752

Noch kann man hoffen
Ein Konrad-Lorenz-Brevier
Herausgegeben von Heide von Berlepsch
dtv 10587

Christopher Lasch
Das Zeitalter des Narzißmus
dtv 15024

Heinz Friedrich (Hrsg.):
Leben ohne Zukunft?
Gedanken über die Hoffnung
dtv 10753

Rudolf Steinmetz (Hrsg.):
Das Erbe des Sokrates
Wissenschaftler im Dialog über die Befriedung der Welt
dtv 10577

Jonathan Schell:
Das Schicksal der Erde
Gefahr und Folgen eines Atomkrieges
dtv 10258

dtv

Mensch und Kosmos

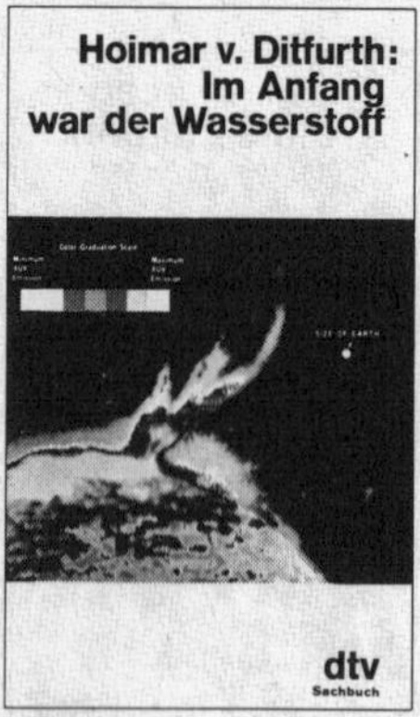

Hoimar v. Ditfurth:
Im Anfang war
der Wasserstoff
dtv 1657

Hoimar v. Ditfurth:
Kinder des Weltalls
dtv 10039

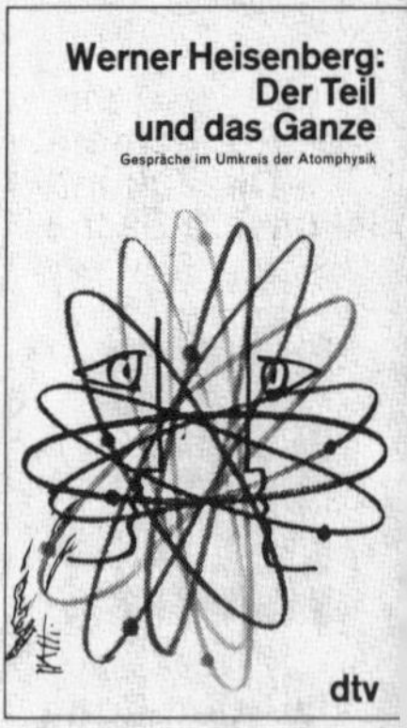

Werner Heisenberg:
Der Teil und das Ganze
Gespräche im Umkreis
der Atomphysik
dtv 903

P. Teilhard de Chardin:
Der Mensch im Kosmos
dtv 1732

P. Teilhard de Chardin:
Die Entstehung des
Menschen
dtv 1755

Steven Weinberg:
Die ersten drei Minuten
Der Ursprung
des Universums
dtv 1556